# 세상이 확 달라지는 정치 이야기

**VOTE FOR ME!**
First Published in the UK by Wayland, a Division of Hachette Children's Group

# 세상이 확 달라지는 정치 이야기

루이스 스필스베리 지음 | 마이크 고든 그림 | 정아영 옮김

라임

차 례

# 정치, 어디까지 알고 있니?

만화나 영화에서처럼, 어느 날 외계인이 내 앞에 떡 나타나서 "너희 지도자에게 안내해!"라고 위협한다면? 부모님이나 선생님께 달려가야 할까? 아니면 경찰서로? 지도자라는 말에 얼어붙어서 고개를 갸우뚱거리며 멀뚱히 서 있을지도 모르겠다. 지도자는 대개 나라를 통치하는 사람을 가리킨다. 그리고 이런 사람들이 모인 집단을 통틀어 '정부'라고 하는데……, 우리는 정부에 대해 얼마나 알고 있을까?

정부니 정치니 하면 머리부터 지끈거린다고? 실제로 정치가 자신과 상관이 없는 일이라고 여기는 사람들이 꽤 많다. 그러나 미처 알아차리지 못하고 있을 뿐, 우리 삶은 정부가 하는 선택에 따라 알게 모르게 엄청난 영향을 받는다. 그렇다면 정부는 우리한테 꼭 필요한 걸까?

어쩌면 대부분의 사람들은 정부가 없어도 다른 사람에게 해를 끼치지 않은 채 예의를 지키며 규칙적으로 살아갈지도 모른다. 그런데 만약 자기 이익만 좇는 사람이 나타난다면? 가령 내가 물건을 도둑맞았는데 경찰이 없으면 어떻게 될까? 심지어 물건을 훔치는 걸 금지하는 법도 없는 상황이라면?

정부는 '해도 되는 일'과 '하면 안 되는 일'을 법으로 정한 뒤 국민들이 잘 지킬 수 있도록 이끄는 일을 한다. 그래야 국민들이 평화롭고 안전한 세상에서 살아갈 수 있기 때문이다.

**정부**는 한마디로 나라의 행정 사무를 맡아 하는 기관이다. 오늘날 대부분의 민주주의 국가에서는 나라의 통치 권력을 입법부·사법부·행정부가 각각 나누어 행사하는데, 흔히 행정권을 가진 행정부를 '정부'라고 부른다.

정부는 입법부에서 만드는 법률에 따라 국가의 독립을 지키고, 국민

세계 몇몇 나라 정부에는 외계인이 느닷없이 찾아올 때를 대비하는 부서가 있다. 어느 날 녹색 외계인이 갑자기 현관문을 두드린다면, 당황하지 말고 해당 부서로 친절히 안내하도록 하자.

나라를 다스리는 사람들이 모인 집단을 '정부'라고 한다.

의 생명과 재산을 보호하며, 사회 질서를 바로잡아 모든 국민이 행복한 생활을 누릴 수 있도록 이끈다.

대통령 중심제를 채택하고 있는 우리나라 정부는 대통령을 수반으로 국무 총리와 국무 위원으로 이루어진다. 그리고 행정 각부에는 사무를 나누어 맡은 하부 기관이 있다.

정부는 군대를 조직해 나라를 지키고, 다른 나라와 무역을 해서 외화를 벌어들인다. 또 도둑이나 홍수·화재 따위를 막아 국민의 생명과 재산을 보호한다.

그리고 철도와 도로를 건설하고, 우편과 통신 사업 등을 벌여 생활의 편리를 꾀하며, 농업·공업·수산업 등 다양한 산업을 발전시켜 국민의 삶을 보다 윤택하게 만든다. 그 외에도 학교를 세우고 교육 제도를 갖추어 국민을 교육시키고, 위생 시설을 통해 건강을 지켜 주는 등 여러 가지 일을 하고 있다.

그런데 이렇게 하는 일이 많은 정부는 언제부터 생겨났을까?

### 수렵·채집 사회 : 다 함께 일하고 똑같이 나누기

아주 옛날에는 들판에서 동식물을 수렵하고 채집하면서 살아갔다. 이곳저곳을 떠돌며 짐승을 사냥하고 식물을 채집해서 먹고사는 유목

여기서 잠깐!

### 알아 두면 쓸데 많은 사회 용어

**국가** : 주권에 의해 하나의 통치 조직을 가지고 있는 사회 집단. 일정한 영토와 거기에 사는 사람들로 구성된다. 국민·영토·주권 등 세 가지 요소가 필요하다.

**국민** : 국가를 구성하는 사람, 또는 그 나라의 국적을 가진 사람.

**사회** : 가족, 마을, 조합, 교회, 계급, 국가, 정당, 회사처럼 공동생활을 영위하는 모든 형태의 집단.

**정부** : 그 나라의 행정 사무를 맡아 하는 기관. 입법, 사법, 행정의 삼권을 포함하는 통치 기구를 이르는 말.

**정치** : 나라를 다스리는 일. 국가의 권력을 획득하고 유지하며 행사하는 활동으로, 국민들이 인간다운 삶을 영위하게 하고 상호 간의 이해를 조정하며, 사회 질서를 바로잡는 역할을 한다.

생활을 했다는 뜻이다. 그러니까 농사를 짓기 시작하는 신석기 시대까지 모든 인류는 **수렵·채집 사회**에서 살았다.

말하자면 곡물이나 가축을 기를 줄 몰랐다. 그래서 몇몇 가족이 무리를 지어, 즉 작은 사회를 이루어 생활했다. 이때만 해도 앞에 나서서 무리를 다스린다고 할 만한 지도자는 아직 없었다.

대부분의 수렵·채집 사회에서는 다른 사람들 위에 군림하려는 행동이 용납되지 않았다. 만약 누군가 멋모르고 다른 구성원들을 쥐락펴락하려 든다면, 그 사람이 분위기를 파악하고 스스로 꼬리를 내릴 때까지 비웃고 놀렸을 거라나?

모두 함께 먹을거리를 구하러 다녔고, 짐승을 사냥할 때는 다 같이 힘을 합쳤다. 먹을 거라곤 가족이 간신히 입에 풀칠할 만큼밖에 없었다. 너도 나도 가진 게 적었으니 다툴 이유도 없을 수밖에. 게다가 머릿수 자체도 워낙 적어서 땅을 둘러싸고 전쟁이 벌어질 일도 없었다.

사람들은 서로서로 도우며 가진 것을 나누어 먹고살았다. 고되고 힘들고 위험한 생활의 연속이었기에, 언제 어디서 다른 사람의 도움을 받아야 하는 순간이 닥칠지 아무도 몰랐다.

정해진 지도자는 없었지만, 그때그때 상황에 맞추어 특정한 사람이 주도적인 역할을 맡았다. 가령, 어느 무리에서 매서운 추위를 버텨 낼 동굴을 찾기로 했다고 치자.

이때 누군가 현명한 의견을 내고 다른 사람들의 동의를 이끌어 낸다면 그 사람이 일시적으로 지도자가 된다. 잠깐이지만 지도자 역할을 맡은 사람은 무리의 생존을 위해 힘든 결정을 내려야 하는 순간과 수시로 맞닥뜨렸을 것이다.

### 고대 사회 : 농사를 짓다

시간이 흐르면서 수렵과 채집으로 살아가던 사람들이 농사짓는 법을 깨닫기 시작했다. 곧이어 채집한 식물에서 씨앗을 얻어 싹을 틔우고 열매를 얻었으며, 사냥한 동물 가운데서 몇몇은 길들여 기를 수 있다는 사실을 알게 되었다.

**농사**를 짓게 되자 사람들은 떠돌이 생활을 멈추고, 작물을 키우는 경작지 근처에 움막을 짓고 정착했다. 그 뒤로 농사는 인간이 살아가는 방식을 확 바꾸어 놓았다. 식량이 풍부해지면서 먹을 것이 각자에게 더 많이 돌아가자, 인구가 차츰차츰 늘어나기 시작했다. 그만큼 공동체의 규모도 커져 갔고, 결국은 마을이 생겨났다.

많은 사람들이 한 군데 모여 살게 되자, 이런저런 갈등이 자주 일어났

여기서 잠깐!

### 세계 4대 문명을 일으킨 강, 강, 강!

메소포타미아 지역의 티그리스강과 유프라테스강, 이집트 북부의 나일강, 인도의 인더스강, 중국의 황허강 등 큰 강 유역에서 최초의 농경 사회가 등장했다. 강 주변은 주기적으로 물이 넘쳐 땅이 기름진 까닭에 한꺼번에 많은 농작물을 기를 수 있었다.

그 후로 사람들이 마을을 이루어 한 군데 모여 살았다. 사람들은 농사지을 땅에 물을 대기 위해 논밭 사이로 긴 수로(관개 수로)를 만들어 일 년 내내 농작물을 재배했다. 이때 세계에서 가장 일찍 농사를 지으며 문명을 발달시킨 네 지역을 가리켜 '세계 4대 문명'이라고 부른다.

각각의 문명은 농업 기술과 도구가 발달하면서 농작물의 생산량이 부쩍 높아졌다. 서로 나누고 남은 생산물을 누군가 더 가지게 되면서 자연스럽게 계급이 나누어졌다. 이것은 나중에 정치적 지배 계급이 생겨나는 바탕으로 작용했다. 이로써 원시 사회는 해체되고, 고대 국가가 성립되었다.

다. 농사를 짓기 위해서는 강의 물을 끌어다 쓸 수 있게 수로를 만들어야 하는데, 이것을 두고 마을끼리 다툼을 벌이는 일이 비일비재했다.

이렇게 마을끼리 다툼이 벌어졌을 때는 사제를 찾아가 공정한 판결을 부탁하곤 했다.

고대 사회에서는 다툼이 생겼을 때 대개 사제가 판결을 내리고 조정하는 역할을 맡았다.

### 도시 국가 사회: 권력자가 생기다

농사를 짓는 마을의 규모가 커지면서 또다시 변화의 물결이 일렁거렸다. 농작물의 생산량이 늘어나 먹을거리에 대한 걱정이 사라지자, 몇몇 사람들이 농사일에서 벗어나 각종 도구를 만들거나 건물을 짓는 등, 다른 일을 하기 시작한 것이다.

이제 식량은 일을 해서 번 돈으로 농부에게 구매하면 그만이었다.

사제와 같이 마을의 안전과 평화를 위해 일하는 인물이 머무는 마을의 중심부는 점차 영향력 있는 장소로 바뀌어 갔다. 날이 갈수록 더욱 더 다양하고 복잡한 문제를 해결해야만 했다. 다리를 놓고 건물을 짓는 것뿐 아니라 댐과 저수지, 관개 수로를 만들고 관리하고 보수하는 일을 도맡았다.

도시 국가에 속한 농민들은 추수를 마치고 나서 대개 건설 작업에 동원됐다. 대부분은 오늘날 수도에 해당하는 도시의 중심지를 멋있게 보이도록 꾸미기 위한 일이었다.

이 과정에서 각종 문제를 주도적으로 처리하는 지도자가 나타나고, 지도자의 지시에 따라 움직이는 계층이 생겨났다. 이른바 **계급**이 나타나기 시작한 것이다.

마을의 중심부는 곧 권력의 중심지로 바뀌었다. 마을의 규모가 점점 커지면서 가운데에 신전과 궁전을 짓고, 다른 마을과의 경계 지역을 성벽으로 둘러싸기에 이르렀다.

바야흐로 마을이 도시로 탈바꿈하면서 **도시 국가**가 탄생한 것이다! 지도자와 지도자의 친인척, 그리고 여타 힘 있는 인물들이 도시 중심부에 살면서 도시 전체와 주변 마을까지 다스렸다.

도시 국가가 커지자 영토를 둘러싼 긴장감도 덩달아 커졌다. 때로는 도시 국가들 사이에 전쟁이 벌어지기도 했다. 이윽고 도시 국가들은 병사를 고용해 무장시키고 군대를 만들었다. 농민을 비롯한 일반인들은 군대를 유지하기 위한 돈과 식량을 모아서 바쳐야 했다.

도시 국가를 다스리는 일은 시간이 지날수록 복잡해져 갔다. 다양해진 임무를 나눠 맡은 관리들이 시민의 삶을 더욱더 통제하고 감독했다. 도시 건설에 동원하는 것은 물론이고, 농민들이 재배한 식량도 관리하기 시작했다. 생산한 식량이 얼마나 되는지 헤아리고, 저장하고, 분배하는 일에 나선 것이다.

도시 국가들은 이렇게 도시의 영향권 안에서 사는 사람들한테 일정

량의 식량을 받아서 국가를 유지하고 운영했다. 지금으로 치면 세금을 걷기 시작한 셈이다. 도시의 규모가 커지자 법을 기록하기 위해 문자도 만들었다. 법은 사회 구성원들이 평화롭게 살아가기 위해서, 또 외부인으로부터 안전하게 보호받기 위해서 모든 사람이 반드시 따라야 하는 규범이었다.

바빌로니아(지금의 이라크)를 다스렸던 함무라비 왕은 기원전 2000년경 최초의 성문법을 만들었다. 함무라비 법전은 높이 2미터의 비석에 새겨진 법전인데, 법을 어긴 사람에 대한 엄격한 처벌 규정이 담겨 있다. '눈에는 눈, 이에는 이'라는 원칙인데, 범죄를 저지르면 그에 합당한 처벌을 받아야 한다는 뜻이다.

### 그 후, 세계는……

도시 국가가 탄생한 이래로 다양한 정치 체제가 등장했다. 사제가 왕이 되는 경우도 있었고, 이집트 왕국을 다스린 파라오처럼 자신을 살아 있는 신이라고 주장하는 지도자가 등장하기도 했다.

미노스 문명 시기의 고대 그리스에서는 가장 재주가 뛰어난 사람이 권력을 차지했다. 미노스 왕국이 해상 무역을 기반으로 한 나라였다는 점을 미루어 볼 때, 무역이나 항해에 뛰어난 수완을 발휘하는 사람이 권력을 차지했을 거라고 짐작할 수 있다.

국가는 갈수록 더욱 크고 복잡해졌고, 그에 발맞춰 새로운 정치 체제가 속속 등장했다. 지금도 마찬가지다! 시대가 변하면, 사람들이 생각하는 좋은 정부의 모습도 바뀌기 때문이다.

## 변신은 무죄, 다양한 정부 형태

세계 각지에 다양한 형태의 정부가 있다. 어떤 정치 체제인지에 따라 정부를 운영하는 방식은 물론, 정부가 국민들의 삶에 미치는 영향력도 다르다. 그중에는 여러 형태가 혼합된 정치 체제를 채택한 나라도 있다. 그리고 정부의 형태는 딱 정해져 있는 게 아니라 그 나라 국민들의 요구와 필요, 또 처한 상황에 따라 끊임없이 바뀐다! 말하자면 국민들의 행복을 좇아 변신을 하는 셈이다.

대부분의 정부에는 '최고 책임자'가 있다. **최고 책임자**란 정부에서 가장 높은 지위에 있는 사람을 말하는데, 정부가 주도한 정책의 성공과 실패에 대해 책임을 진다. 정부가 어떤 형태를 선택하는지에 따라 최고 책임자를 부르는 이름이 달라지기도 한다.

우리나라는 **대통령**이 정부의 최고 책임자이자 국가의 대표이다. 그러나 대통령이 없는 나라도 있다. 영국이나 일본 등의 나라에서는 국회에서 정부 책임자를 뽑는데, 이를 **수상** 또는 **총리**라고 부른다. 이들은 국가를 대표하고 국가의 살림을 책임진다. 이런 나라들은 국왕이 따로 있는 경우가 많은데, 국왕은 국가의 상징적인 존재일 뿐 직접 정치를 하지는 않는다.

이처럼 정부의 최고 책임자를 정하는 방법이나 부르는 이름은 나라마다 다르지만, 그들이 국민의 뜻에 따라 나랏일을 해야 하며, 그에 따른 책임을 진다는 점에서는 똑같다.

그리고 당연하게도(?) 최고 책임자 한 명이 정부가 맡은 복잡다단한

정부의 형태는 나라마다 조금씩 다르지만 교육, 국방, 예술, 과학과 같이 서로 다른 분야를 담당하는 여러 개의 부처로 구성되어 있다는 점은 비슷하다.

여기서 잠깐!

### 들어도 들어도 낯설고 신기한 정치 체제

**귀족제** : 특정 혈통으로 엮인 특권층이 다스리는 정치 체제.

**과두제** : 혈연이나 공통의 이해관계로 묶인 여러 사람이 다스리는 정치 체제.
(과두제란 우두머리가 여러 명 있다는 의미이다.)

**전제 정치** : 통치자 한 명이 국민을 자신의 노예라고 생각하고 다스리는 정치 체제.

**금권 정치** : 부유한 계층이 나라를 다스리는 정치 체제.

업무에 두루 전문성을 갖출 수는 없기 때문에, 그 곁에는 함께 일하며 법을 만들고 고치는 정치 집단이 함께한다.

정부는 법에 따라 국가 살림을 하는 곳이다. 정부에는 대통령과 국무총리, 행정 각 '부'와 '처'의 장이 있다. 이들은 국가의 일을 어떻게 해 나갈지 의논하기 위해 수시로 모여서 회의를 한다.

각 부처는 경제, 교육, 예술, 과학, 체육, 환경, 국방 등 우리 삶과 관련된 분야들을 서로 나누어 담당한다. 정부에 고용된 공무원들이 각 부처에 소속되어 일을 처리한다.

필요할 때는 환경 보호나 일자리 창출과 같은 중요한 과제를 연구하는 외부 전문 기관과 함께 일하기도 한다. 현재의 상황에서 어떤 정책을 만들고 실행하면 좋을지 각 분야 전문가들에게 '조언'을 얻는 것이다.

그렇다면 정부의 형태는 어떻게 변해 왔을까?

## 정부가 없다고? : 무정부 상태

한 국가 안에서 기존 정권이 무너지고 경쟁 세력들이 그 자리를 차지하기 위해 폭력을 동반한 싸움을 벌이면, 내전이 일어나 '정부가 없는 상태'에 놓이기도 한다. 그런 상태를 **무정부 상태**라고 한다. 나라를 통치하는 조직이나 행위가 없어진 상황이라고나 할까?

놀랍게도 무정부 상태를 지지하는 사람들도 있다. 개개인으로 이루

우리를 통제하는 정부가 필요한 이유는 무엇일까? 소수의 무정부주의자들은 정부가 없어도 사람들이 자연스럽게 사회 전체의 이익을 추구할 것이라고 주장한다. 하지만 대부분의 사람들은 무정부 상태가 사회를 혼란에 빠뜨릴 뿐이라고 생각한다!

어진 국민을 굳이 지배할 필요가 없다고 생각하는 사람들인데, 이들을 **무정부주의자**라고 부른다.

무정부주의자들은 정부가 필요하지 않을 뿐 아니라 오히려 해롭다고 주장한다. 사람들은 내버려두면 알아서 자연법—누구에게나 생명, 자유, 재산에 대한 권리가 있다는 법칙—을 따르며 서로 협력해 살아갈 거라나.

하지만 현실에서 무정부 상태가 긴 시간 동안, 그리고 성공적으로 이어진 적은 거의 없다. 무정부 상태에서는 해결할 수 없는 문제들이 즐비하기 때문이다. 예를 들어, 누군가 내 자전거를 훔쳐 갔는데, 사건을 해결해 줄 경찰이 없다면? 그럼 나는 잃어버린 자전거를 어떻게 되찾아야 할까?

## 왕이 등장하다 : 군주제

**군주제**는 말 그대로 군주(왕)가 통치하는 정치 체제로, 가장 오래된 정부의 모습 중 하나이다. 군주는 나라에 따라 불리는 이름도 가지각색이다. 왕, 황제, 임금, 파라오, 카이저, 차르……. 군주제는 한때 세계 곳곳에서 흔히 찾아볼 수 있는 정치 체제였지만, 지금은 그 수가 상당히 줄어들었다.

군주제의 가장 큰 특징은 최고 권력자를 국민이 뽑는 게 아니라는 점이다. 권력을 물려받은 군주가 순전히 자신의 뜻에 따라 나라를 다스린다. 즉, 자식이 부모로부터 나라를 통치할 수 있는 권력을 물려받는 것이다.

군주의 지위는 주로 아버지에서 아들로 **부계 세습**되는데, 달리 말하면 왕이 죽거나 자리에서 물러났을 때 누나가 있다 하더라도 동생인

2011년, 영연방 국가들은 영국의 왕위 계승법, 그러니까 왕이 죽거나 그만두면 누가 왕위를 물려받을지 정하는 법을 고치는 데 동의했다. 따라서 법이 바뀐 2013년 이후에 태어난 영국 왕실의 자녀는 아들이든 딸이든 동등하게 왕위를 계승할 권리를 갖게 되었다!

여기서 잠깐!

## 왕이 신성한 존재라고?

고대 이집트 사람들은 군주인 파라오가 신에게서 권력을 받은 신성한 존재라고 생각했다. 이후 유럽의 일부 군주들은 이런 생각을 발전시켜 '왕권 신수설'을 주장하기도 했다. 왕권 신수설이란, '국왕의 권리는 신에게서 받은 절대적인 것'이므로 왕은 사람이 만든 모든 법 위에 군림할 수 있다는 뜻이다. 프랑스의 루이 14세(1643~1715)는 신에게 경건한 마음을 갖지는 않았지만, 자신의 권력을 유지하기 위해 왕권 신수설을 주장하기도 했다.

아들이 왕의 자리를 이어받는다는 뜻이다.

아들이 없는 경우에는 맏딸이 군주로 즉위하기도 한다. 영국의 조지 6세(1895~1952)에게 아들이 없어서 엘리자베스 2세(1926~2022)가 여왕의 자리에 오른 것처럼. 왕위를 물려받으면 대부분 평생에 걸쳐 나라를 통치한다.

그 가운데서도 절대 군주제 국가에서는 군주에게 절대적이고 무한한 권력이 집중된다. 개중에는 국민의 이익을 우선시하면서 공정하게 다스리는 군주도 있지만, 권력을 함부로 휘두르는 군주도 있다.

남아프리카에 있는 **에스와티니**라는 작은 나라는 세계에 남아 있는 몇 안 되는 절대 군주제 국가 중 하나이다. 대부분 전통적 방식에 따라 살아가는 백만 명의 국민이 지켜야 할 모든 법을 국왕이 만든다.

'사자'란 별명이 붙은 음스와티 3세는 자신의 정책에 반대하는 사람들을 가혹하게 탄압하기로 유명하다. 뿐만 아니라 나랏돈으로 새 궁전을 짓거나 비싼 차를 사는 등 사치를 부려서 국민들에게 많은 비난을 받고 있다.

요즘의 군주제 국가는 대개 **입헌 군주제**를 채택하고 있다. 입헌 군주제 국가에서는 왕 또는 여왕이 국가 원수의 지위를 갖기는 하지만, 실제로 행사할 수 있는 권력은 거의 없다. 국민이 선거로 뽑은 정부가 나라를 통치하기 때문에, 왕은 국빈을 맞이하거나 해외를 방문하는 등 주로 의례적 역할을 할 뿐이다. 영국, 태국, 네덜란드, 일본 등이 대표적인 입헌 군주제 국가이다.

입헌 군주제 국가의 왕은 특별한 행사가 있을 때 왕관과 같이 왕실의 권위를 상징하는 보물을 착용한다. 대부분 왕위에 오르는 대관식이나 국민이 뽑은 정부의 새 지도자를 맞이하는 축하연 등 국가적인 행사일 경우가 많다.

### 종교가 곧 법이다! : 신정 정치

**신정 정치**란 '신의 뜻으로 다스리는 정치'라는 의미인데, 말 그대로 종교의 규율로 나라를 다스린다. 신정 국가에서는 주로 종교 지도자가 국정을 운영하는데, 요즘에는 이런 정치 체제를 채택하고 있는 국가가 많지 않다. 하지만 종교가 국가의 정치에 큰 영향을 미치는 나라는 아직도 상당히 많다.

세계에서 가장 작은 독립 국가인 **바티칸 시국**은 신정 정치를 완벽하게 구현하고 있다. 이탈리아 로마 안에 있는 도시 국가로, 로마 가톨릭 교회를 통솔하는 교황청의 소재지이기도 하다.

교황은 국가 원수의 역할을 하며, 추기경들과 함께 바티칸 시국을 다스린다. 추기경은 교황이 선출하며, 교황이 죽거나 사임하면 추기경 중에서 새롭게 선출한다.

그런데 추기경에게만 교황 선출권이 있으며, 남성만 추기경이 될 수

여기서 잠깐!

#### 종교와 국가를 분리하자!

고대에서 중세까지, 유럽은 몇몇 나라를 제외하면 대체로 신정 국가였다. 하지만 18세기 계몽주의 시대에 이르자, 유럽의 많은 나라들은 종교 대신 과학과 이성에 따라 국가를 통치해야 한다는 결론을 내렸다. 종교는 개인의 선택에 달린 문제이며, 한 나라 안에서 모든 종교가 동등하게 보장되어야 한다는 생각도 퍼져 나갔다. 오늘날의 국가들은 대부분 명목상으로라도 국정 운영과 종교의 영향력을 분리하는 경우가 많다.

종교와 정치가 공식적으로 분리되어 있지 않은 나라일지라도,
각자의 영역을 알아서 지키는 것이 일반적이다.

있다. 달리 말하면, 바티칸 시국은 아직까지 여성에게 선거권이 없는 세계에 단 하나뿐인 국가인 셈이다.

종교 지도자가 통치를 하는 건 아니지만, 종교를 바탕으로 법을 만들고 판결을 내리는 나라는 지금도 종종 찾아볼 수 있다.

**사우디아라비아**는 왕족이 다스리는 국가이지만 개종, 그러니까 이슬람교에서 다른 종교로 바꾸는 행동을 엄격하게 금지한다. 또 이슬람 경전인《코란》에 바탕을 둔 기본법을 헌법으로 삼고 있다.

**이란**은 이슬람 공화국으로서 국민이 투표로 직접 대통령을 선출한다. 하지만 1979년에 채택된 이슬람 공화국 헌법에 따라 최고 정치 권력은 국가의 종교 지도자인 '라흐바르'에게 주어진다.

**라흐바르**는 군 통수권과 안보, 국방 등을 비롯해 국정 전반에 관해 최종 결정권을 가진다. 심지어 국민이 뽑은 대통령을 승인하는 일까지 하고 있어서 그 권한이 매우 방대하고 막강하다. 이란에서는 종교적인 율법이 곧 국가의 법이다.

## 한 사람이 지배하다 : 독재 정치

최고 권력자 한 사람이 국민에 대한 모든 권력을 장악하고 나라를 통치하는 걸 **독재 정치**라고 한다. 회장이 한 학급을 통솔하는 것과 비슷하냐고?

이건 매우매우 부당한 비유이다! 회장은 최소한 친구들의 의견은 물어보고 모든 일을 진행하니까. 하지만 독재 국가에서는 자신의 의견을 밝히지 않는 편이 훨씬 낫다. 자칫 말실수를 했다가는 감옥에 갇힐 수도 있으니까.

국가를 절대적으로 지배하는 '한' 개인을 **독재자**라고 부른다. 독재자는 모든 권력을 손에 쥐고 있기 때문에 필요에 따라 자기 마음대로 법을 만들 수 있다.

또 독재자는 국민의 선거로 선출되는 게 아니라 군사력을 동원해 자신의 권력을 유지하는 경우가 많다. 따라서 다른 정당의 활동을 막을 뿐 아니라, 자신의 통치를 반대하는 사람은 감옥에 가두거나 처형하기도 한다.

독재자는 자신이 알리고자 하는 것만 국민에게 전달되도록 인터넷과 텔레비전 등 대중 매체를 장악하고 통제한다. 자유로운 정치 체제

독재 국가에서는 독재자와 그의 통치를 나쁘게 여기도록 만드는 내용은 국민이 접할 수 없도록 철저히 차단한다!

를 알리는 책이 만들어지거나 판매되지 못하도록 막고, 학교에서는 독재자를 훌륭한 인물로 보이게 만들기 위해 거짓되거나 과장된 우상화 교육을 한다. 이를 **선전**이라고 부른다.

부모나 전임자에게 권력을 물려받는 독재자가 있는 한편, 무력이나 속임수를 써서 권력을 차지하는 독재자도 있다. 또 쿠데타로 갑자기 기존의 정부를 무너뜨리며 등장하는 독재자도 있다!

**쿠데타**는 작은 집단이 기존 정부를 갑자기 공격해 정권을 빼앗는 행동을 말한다. 독재자의 쿠데타는 경찰과 군대의 지원을 받아 이루어지는 게 대부분인데, 쿠데타가 끝나고 통치를 하는 과정에서도 이들은 무력을 동원해 방해가 되는 세력을 제거하곤 한다.

요즘은 독재 정치를 하는 국가가 많지 않다. 동유럽 국가 **벨라루스**의 대통령인 루카센코를 대표적인 독재자라고 부를 수 있는데, 1994년부

여기서 잠깐!

### 고대 로마에서 독재 정치가 시작되었다고?

독재 정치가 처음 시작된 곳은 고대 로마이다. 하지만 반란이 일어나거나 외적이 쳐들어오는 등 국가에 비상사태가 발생했을 때에만 일시적으로 독재 정치가 실시되었다. 평상시에는 집정관이라고 불리는 통치자 두 사람이 통치권을 나눠 갖고 있다가, 위기가 닥치면 한 사람이 모든 결정을 내리는 게 효율적이라는 판단에 따라 둘 중 한 사람이 '독재관'이 되어 전권을 행사하는 방식이었다. 독재관은 법을 고칠 권한까지 갖고 있었지만, 대체로 급한 문제가 해결되는 동시에 독재 정치도 끝이 나곤 했다.

독재자는 학교에서 다른 친구들을 괴롭히는 아이와 비슷한 면이 있다. 둘 다 겁을 주거나 폭력을 사용해 다른 사람을 자기 뜻대로 움직이려 드니까!

터 헌법까지 바꾸어 가며 네 번 연속 대통령에 당선되어 지금까지 이십 년 넘게 벨라루스의 최고 권력자로 군림하고 있다.

그는 정부의 지출 권한을 휘어잡고 있을 뿐 아니라, 대통령의 말이 곧 법이 될 정도로 무시무시한 권력을 휘두른다. 벨라루스의 농장은 거의 다 국가 소유여서, 나라의 경제권까지 한손에 쥐고 있는 셈이다.

## 모든 것을 감시한다 : 전체주의

**전체주의 정부**는 국민의 삶을 철저하게 통제한다. 공적인 일이든 사

여기서 잠깐!

### 전체주의가 20세기에 등장한 이유

전체주의 정치 체제는 20세기가 되면서 등장했다. 이전에는 많은 수의 국민을 통제하는 기술이 없었기 때문이다. 하지만 과학이 발달하면서 텔레비전, 라디오를 비롯해 여러 대중 매체가 등장하자, 집권당은 이를 통해 자신들의 지도자가 얼마나 위대한지 쉽게 퍼트릴 수 있게 되었다. 권력을 잡은 정당은 끊임없이 자신들의 신념을 선전하고, 독재자에 대한 개인숭배를 조장한다. 즉, 대중 매체를 이용하여 국민을 조종하는 것이다.

적인 일이든 상관없이, 일상의 모든 부분에서 자유를 억압한다. 한 개인이 지배하는 게 아니라, 하나의 정당이 벌이는 독재 정치라고 할 수 있다. 전체주의 국가는 시한폭탄과 같아서 언제 주변의 다른 나라와 다투게 될지 예측하기 어렵다.

전체주의 국가에는 정당이 하나뿐이다. 정부에 반기를 드는 사람은 폭력적으로 처벌하고 다른 세력이 정당을 만들지 못하게 막아 국가 전체를 통제한다. 국민들은 정부의 지시에 무조건 따라야 하고, 대부분은 다른 나라로 이주할 수도 없다. 정부는 사람들이 직업으로 무슨 일을 하는지, 어떤 종교를 믿어야 하는지, 돈을 어디에 쓰는지, 무엇을 보고 읽어야 하는지 등등, 모든 것을 관리하고 간섭한다.

전체주의 국가의 대표 주자로 중국을 꼽는 사람들도 있다. **중국**에는 정당이 공산당 하나뿐이기 때문이다! 그러나 요즘에는 중국을 전체주의 국가로 보지 않는 시각이 힘을 얻고 있다. 집권당인 공산당에 대한 비난만 아니면, 거의 모든 것을 허락하기 때문이다.

현재 대표적인 전체주의 국가는 **북한**이라고 할 수 있다. 북한은 국가와 조선노동당이 사람들의 생활을 낱낱이 감시하고 통제한다. 북한 주민들은 당국의 허가 없이 나라 밖으로 나갈 수 없다. 심지어 북한 안에서 다른 지역으로 여행을 가려고 할 때조차 소속된 지역의 허가를 받

북한의 전체주의 체제 아래에서 사람들은 한때 머리 모양까지 마음대로 할 수가 없었다. 여자는 열네 가지 스타일 중 한 가지를 선택해야 했으며, 젊은 남자는 머리 길이를 5센티미터 이하로 유지해야만 했다! 요즘은 과거와 달리 다양한 머리 모양을 허용하고 있는 추세이다.

여기서 잠깐!

## 전체주의 국가와 파시스트 독재자

국민들이 행복한 삶을 살도록 이끄는 건 뒷전이고, 힘 있는 국가를 만드는 게 훨씬 더 중요하다고 믿는 독재자가 정권을 잡는 경우가 있다. 이런 독재자가 하는 행동을 '파시즘'이라고 부르고, 이를 지지하는 사람들을 '파시스트'라고 한다. 많은 독재 국가가 전체주의 국가이기도 하다.

파시스트 독재자는 국민을 권위주의적으로 지배하며, 철저히 통제하기 때문에 국민들은 자유를 누릴 수 없다. 국가의 권력에 복종하지 않으면 경찰과 군대를 동원해 처벌하기 다반사다.

또한 파시스트들은 사회 문제의 원인을 소수 집단의 탓으로 돌려 가혹하게 탄압하는 경우가 많다.

대표적으로 무솔리니가 이끄는 파시스트당이 정권을 잡았던 이탈리아(1922~1945)와 스탈린이 지배했던 소련(1929~1953), 히틀러가 수장인 나치당이 권력을 차지했던 독일(1933~1945)을 들 수 있다. 이들은 세상에서 가장 악명 높은 파시스트 독재자들이다.

전체주의 정부는 국민들이 무슨 생각을 하는지 관찰하고, 무엇을 해야 하는지 끊임없이 관리한다. 심지어 서로 주고받는 스마트폰 메시지까지 감시한다.

아야만 하는 경우도 있다.

북한은 모든 대중 매체를 통제하며, 아이들은 많은 시간을 쏟아 북한을 통치하는 김씨 일가에 대해 배우고 그들을 찬양하는 노래를 익혀야 한다.

2012년에 세 번째 세습 독재자(아들 중심으로 권력이 전해진다는 점에서 절대 군주제와 비슷하다.)인 김정은이 국방 위원회 제1위원장 자리에 올라 북한의 최고 권력자가 되었다.

김정은은 핵 개발과 함께 경제 개발을 병행하겠다는 야심찬 계획을 세운 뒤, 기업의 권한을 부분적으로 늘리고 농장의 자율성을 확대했다. 또, 경제 개발 특구를 만들어 외국인의 투자를 유치하려 시도했다. 그러나 이러한 조치들은 핵 실험 강행으로 국제적으로 고립되면서 뚜렷한 성과를 얻지 못하고 있다.

## 국민이 주인이다, 민주주의

★★★★★★★★★★★★★★★★★★★★

선거일에 부모님과 함께 투표소에 가 본 적이 있는 사람? 물론 아직 투표권이 없는데 굳이 갈 필요가 있냐고 항변할 수도 있겠다. 그렇다 하더라도 우리 반을 대표하는 회장과 부회장을 투표로 뽑은 적은 있을 것이다. 그럼 이미 민주주의에 본격적으로 참여해 본 것이라고 할 수 있다!

옛날에는 왕이나 귀족 등 일부 사람들만 국가의 정치에 참여할 수 있었다. 그러나 시대가 바뀌면서 사람들은 누구나 평등한 존재라는 사실을 깨닫게 되었다. 그 후로 누구나 자유롭게 정치에 참여할 수 있는 제도를 만들기 위해 노력했다. 그런 노력 끝에, 요즘은 국민들이 자신의 삶에 알게 모르게 영향을 미치는 국가의 정치에 직접 또는 간접적으로 참여할 수 있게 되었다.

우리나라는 국민이 국가의 주인이다. 그리고 국가의 정치가 다수의 국민에 의해 결정되는데, 이를 **민주주의 정치**라고 한다.

그러니까 정부를 어떻게 운영해야 하는지에 대해 목소리를 낼 기회(주로 투표를 통해)가 국민 모두에게 평등하게 주어지는 정치 체제이다. 군주제나 독재 정치처럼 한 사람의 통치자가 모든 결정권을 갖고 있는 정치 체제와는 다르다.

최초의 민주주의는 기원전 500년경, 고대 그리스의 도시 국가인 아테네에서 시작되었다. 고대 아테네에서는 제비뽑기를 통해 무작위로 뽑힌 오백 명의 시민이 평의회를 구성해 나라를 위한 공무를 담당했

아테네 시민들이 공통적으로 위험하다고 여기는 정치가가 있으면, 그 사람의 이름을 깨진 도자기 조각에 새기거나 써서 내는 비밀 투표를 했다. 이때 육천 표를 넘게 받은 사람을 아테네에서 십 년 동안 추방했다고 전해진다. 이를 '도편 추방제'라고 부른다.

여기서 잠깐!

### 여성과 아이는 아테네 시민이 아니었다고?

고대 그리스 아테네에서는 시민들이 투표를 하기 위해 '아고라'라고 불리는 광장에 모이곤 했다. 투표는 아테네 시민만 할 수 있었는데, 여기서 시민은 아테네의 자유로운 성인 남성을 의미했다. 여성, 어린이, 외국인과 노예는 시민이 아니라는 이유로 국가의 의사를 결정하는 민회에 참석하거나 투표를 할 수 없었다.

다. 임기는 일 년으로, 원래 직업으로 갖고 있던 일을 할 시간이 줄어드는 걸 보상하기 위해 약간의 보수도 주어졌다.

평의회가 법을 만들거나 고칠 일이 있으면 대규모 집회인 민회가 열렸고, 아테네의 모든 시민이 민회에 참석해 찬성 또는 반대 투표를 했다. 시민이라면 누구나 발언권을 갖고 나랏일에 관해 의견을 낼 수 있었던 것이다.

## 번거롭다, 번거로워! : 직접 민주주의

국가에 중요한 문제가 있을 때마다 모든 시민이 투표로 결정을 했던 고대 그리스의 민주주의를 **직접 민주주의**라고 한다.

이런 직접 민주주의는 비교적 작은 공동체에서만 이루어질 수 있다. 인구가 많은 국가에서는 중대한 결정을 내려야 할 때마다 투표를 실시

모든 사람이 한 가지 사항에 대해 투표를 하면 직접 민주주의가 이루어진다. 아니, 이 상황은 뭔가 이상한데……. 비밀 투표가 아니잖아?

하는 게 불가능하기 때문이다. 투표 계획을 세우는 데에만 몇 달이 걸리는 데다, 투표를 실시하려면 엄청나게 많은 돈이 든다!

게다가 직접 민주주의를 올바로 구현하기 위해서는 모든 유권자가 어디에 도로를 새로 닦아야 할지, 중학교의 방학 기간을 얼마 동안으로 해야 할지 등등, 온갖 사안을 요모조모 따져 봐야 한다. 투표 때마다 직장에 휴가를 내고 일일이 참여해야 하는 건 물론이다!

### 국민을 대표하다! : 대의 민주주의

오늘날의 민주주의 국가는 주로 **대의 민주주의**를 채택하고 있다. 대의 민주주의 국가에서는 중대한 안건에 대해 국민이 일일이 투표를 하지 않는다. 대신, 자신들의 의견을 대변할 대표를 선출해서 그 사람들이 국정을 운영하며 국민 대신 결정을 내리도록 한다.

여기서 잠깐!

#### 과반수를 넘겨라!

오늘날 대부분의 민주주의 국가에서 직접 민주주의 방식이 사용되는 때는, 모든 국민이 특정 사항에 대해 투표를 하는 '국민 투표'가 실시될 때뿐이다. 2016년 영국에서 실시된 국민 투표에서 투표에 참여한 영국 국민 중 51.9%가 영국의 '유럽연합(EU) 탈퇴'에 찬성표를 던졌다. 48.1%의 국민은 영국이 유럽연합에 남는 것을 선택했지만, 과반수가 떠날 것을 선택했기 때문에 탈퇴라는 민주주의적인 결정이 내려졌다.

민주주의에도 단점은 있지만, 민주주의 정치 체제를 채택한 국가의 국민들이 다른 정치 체제에서 지내는 국민들에 비해 대체로 높은 삶의 질과 자유를 누리는 경우가 많다. 또한 보다 큰 국가의 보호 아래서 살아간다.

학교의 학생회를 떠올리면 쉽게 이해할 수 있다. 학생회 임원은 반 아이들의 투표로 선출된 대표이다. 그리고 자신이 대변하는 학생들의 생각과 건의 사항을 주의 깊게 들은 다음, 그 내용을 바탕으로 회의 안건에 결정을 내린다.

대의 민주주의 국가에서는 국민들이 선거로 자기 지역의 대표를 선출한다. 그러면 지역 주민을 대신해서 뽑힌 대표(국회 의원)는 국회에 참석해서 국가적 결정 사항들에 투표를 하는 한편, 지역구에서는 자신이 대변하는 주민들을 만나 의견을 듣고 그들을 돕는다.

대의 민주주의는 현재 우리가 채택해서 사용하고 있는 정치 체제이다. 하지만 생각보다 완벽하지는 않다. 국민 각 개인들은 자기 자신의

여기서 잠깐!

## 나라마다 민주주의의 모습도 가지가지!

**• 미국**

미국은 국민이 선출한 단 한 사람, 즉 '대통령'이 나라를 이끈다. 국민이 뽑지 않고 세습으로 통치자의 자리에 오른 왕이 다스리는 군주제 국가와 정반대이다. 미국은 대의 민주주의 국가로 국민이 선출한 상·하원 의원들이 대통령을 도와 나라를 통치한다. 또 미국은 연방제 국가이기도 하다. 그래서 국가의 권력을 연방 정부(중앙 정부)와 오십 개의 주 정부가 나눠 갖는다.

**• 인도**

인도 공화국은 연방제를 채택하고 있다. 중앙 정부가 있긴 하지만, 지방 정부도 막강한 권한을 행사한다. 중앙 정부의 권력은 두 명의 지도자에게 나뉘어 있다. 대통령은 국가 원수의 지위를, 총리는 정부를 운영하는 권한을 갖는다. 따라서 우리가 흔히 떠올리는 대통령과 달리, 인도의 대통령은 국가 행사에 참석하는 등의 의례적인 역할을 주로 맡는다. 반면에 총리는 집권당의 지도자로서 국정을 도맡아 운영한다.

**• 호주**

호주는 대의 민주주의 국가이자, 영국의 국왕인 찰스 3세가 국가 원수인 입헌 군주제 국가이다. 국민이 선출한 의회의 우두머리인 총리가 국정을 운영하며, 총리의 동의를 받아 영국 여왕이 총독을 임명한다. 총독은 의례적인 역할만 맡는다. 호주는 연방제 국가이기도 해서, 연방 정부와 각 지역을 맡은 여섯 개의 주 정부가 권력을 나눠 갖는다.

**• 대한민국**

우리나라는 국민이 직접 뽑은 대통령이 국가 원수이자 행정부를 관할하는 대통령제를 채택하고 있다. 헌법에도 '대통령은 국가의 원수이며, 외국에 대하여 국가를 대표한다.'고 명시되어 있다. 또한 선거로 선출된 국회 의원이 입법부인 국회를 구성해 국민의 의견을 대변하는 대의 민주주의 국가이다.

이익을 가장 잘 대변해 줄 대표를 뽑는다. 굳이 다른 사람의 이익을 고려하지 않는 것이다.

그리고 일단 선거로 대표를 뽑아서 권력을 주고 나면 국민에게는 권력을 사용하는 사람을 견제할 실질적인 수단이 없다. 뽑히기 전에 내건 공약을 지키지 않는다 해도 딱히 막을 방법이 없는 것이다.

그 외에도 여러 문제들이 생길 수 있다. 어떤 나라에서는 선거 후보로 등록할 수 있는 사람이 돈이 많은 사람으로 한정되어 있어서, 부자들만 돌아가면서 권력을 차지한다. 또 고를 수 있는 정당이 둘뿐인 나라에서는 어떤 사안에 대해서든 국민이 선택할 수 있는 선택지가 두 가지일 수밖에 없다.

그래도 오늘날 수많은 나라가 대의 민주주의를 채택하고 있다. 국제연합(유엔, UN)에 가입한 193개 국가 중 123개국이나 된다! 그렇지만 전부 똑같은 모습은 아니고 조금씩 다 다르다.

# 권력을 분배하라, 삼권 분립

**'정부'라는 단어를 들으면 공직자들이 나랏일을 의논하는 대표적인 건물이 머릿속에 떠오르곤 한다. 청와대, 국회 의사당, 대법원……. 주로 정치 관련 뉴스의 배경으로 등장하는 거대한 건물들이다. 여기서 모든 중요한 정책들이 결정된다. 물론 정부가 결정을 내리기까지의 과정은 전부 '헌법'에 규정되어 있다!**

우리나라에서 가장 기본이 되고 또 중요한 법은 **헌법**이다. 헌법은 법 중에서 가장 으뜸이 되는 법이기 때문에 '법 중의 법'이라 불린다. 다른 법들은 헌법에 절대로 어긋나서는 안 된다. 헌법에는 우리나라가 어떤 국가인지, 국민들이 누릴 수 있는 것이 무엇인지가 뚜렷이 명시되어 있다.

헌법은 대체로 하나의 문서로 이루어져 있는데, 뉴질랜드와 영국 등 몇몇 나라에서는 오랜 시간에 걸쳐 만들어진 법률 문서들이 헌법의 역할을 대신하기도 한다.

헌법은 민주주의 국가의 기반이기 때문에 우리나라를 포함한 육십여 개의 국가가 헌법 제정 또는 시행일을 국경일로 정해서 특별한 의미를 부여한다.

뿐만 아니라, 헌법에는 국가의 권력을 서로 다른 기관들이 나눠 가져야 한다는 아주 중요한 내용도 담겨 있다!

## 권력을 나누다 : 삼권 분립

민주주의 국가의 권력은 입법부·행정부·사법부 세 군데로 나뉘어

여기서 잠깐!

### 이래 봬도 국가 권력의 상징!

어느 나라든 정부의 주요 건물은 국가의 권력을 상징하는 곳이다. 그래서 대개 수도나 주요 도시에 자리를 잡을뿐더러, 웅장하고 위엄 있는 모습까지 갖추기 마련이다.

터키의 수도 앙카라에 있는 의회 건물에는 터키 역사 속 열여섯 개 국가를 상징하는 거대한 샹들리에가 같은 수만큼 전시되어 있다. 일본의 도쿄 도청은 두 개의 타워로 이루어져 쌍둥이처럼 보이는데, 높이가 무려 243미터에 이른다. 인도의 대통령 관저인 '라쉬트라파티 바반'은 삼천여 명을 동원해 쌓았는데, 1,700만 개의 벽돌이 사용되었다고 한다.

우리나라 국회 의사당 역시 멀리서도 한눈에 알아볼 수 있을 정도로 웅장하다. 돔으로 된 지붕을 떠받치고 있는 스물네 개의 기둥은 우리나라의 24절기를 의미하며, 건물 앞쪽으로 보이는 여덟 개의 기둥은 전국 8도를 상징한다.

한 줄기에서 갈라져 나온 나뭇가지처럼 여러 기관들이 나라를 운영하는 데 필요한 일을 나눠서 맡는다. 어느 한 사람이나 기관이 권력을 독점하지 못하도록 막고, 공정하게 운영하기 위해서이다.

발휘된다. 세 기관은 헌법에서 정한 바에 따라 서로 다른 일을 하는데, 어느 한 기관의 힘이 너무 커지지 않도록 상호 견제한다. 이런 원리를 **삼권 분립**이라고 한다.

각 기관의 하는 일은 사뭇 다르다. **입법부**(국회 또는 의회)는 국민이 자신들의 의견을 대표해 달라고 뽑은 의원들이 모여 일하는 국가 기관으로, 행정부에서 제출한 법안을 심의하고 표결한다.

일반적으로 줄여서 '정부'라고 부르는 **행정부**는 수반(행정부의 우두머리라는 뜻으로, 우리나라는 대통령을 가리킨다.)이 있고, 여기에 국회 의원이나 전문가 중에서 뽑은 장관으로 구성된다. 주로 법안을 제출하고, 통과한 법과 정책을 집행하는 일을 맡는다.

우리나라나 미국처럼 국민이 투표로 직접 선출한 인물이 정부의 수반이 되는 나라도 있고, 영국이나 일본처럼 의회 다수당의 대표가 정부의 수반이 되는 나라도 있다.

**사법부**(법원)는 법관들로 구성된 국가 기관으로, 법을 해석하고 적용하며 사법권을 행사한다. 모든 국민이 법에 따라 공정한 재판을 받을 수 있는 권리를 보호하는 중요한 기관이다!

뉴질랜드를 대표하는 건물인 국회 의사당은 겉모습 때문에 '벌집'이라고 불린다. 지상 10층, 지하 4층의 건물에는 마치 벌처럼 분주하게 중요 업무들을 처리하는 장관들의 사무실이 있다. 벌집의 지하는 요새화되어 있어서, 비상사태가 일어났을 때 열흘간 버틸 수 있도록 설계되었다.

여기서 잠깐!

### 건물도 따로따로!

민주주의 국가의 입법부·행정부·사법부는 건물도 각각 따로 사용하는 경우가 많다. 미국에는 '화이트 하우스'로 불리는 백악관(행정부), 미국 국회 의사당(입법부), 미국 연방 대법원(사법부)이 각 기관을 상징한다. 대통령제를 채택한 우리나라 역시 대통령실(행정부), 국회 의사당(입법부), 대법원(사법부)으로 건물이 나뉘어 있다.

## 의회가 이끄는 민주주의 : 의원 내각제

영국, 호주, 캐나다, 뉴질랜드 등의 국가들은 **의원 내각제**를 채택하고 있다. 의원 내각제에서는 국가 원수와 정부의 수반이 서로 다른 사람이고, 행정부와 입법부가 엄격하게 분리되어 있지 않다. 따라서 정책의 결정과 집행이 빨라 효율적인 반면, 한 정당이 행정부와 입법부를 장악하게 되어 자칫 다수당의 횡포가 일어날 수도 있다.

의원 내각제는 입헌 군주제 국가에서 채택하는 경우가 많다. 국가 원수는 '왕'이, 정부의 수반은 '총리'가 맡아 각기 다른 역할을 수행하는 것이다.

총리가 되려면 먼저 의원 선거에 당선되어 의회에 진출한 다음, 집권당의 우두머리인 총리로 선출되어야 한다. **집권당**이란, 선거에서 승리를 거두어 정권을 확보한 당을 말한다. 이렇게 뽑힌 총리가 **내각**이라고 불리는 행정부를 이끈다.

총리로 뽑힌다 하더라도 법을 만드는 입법부의 의원 중 한 명이므로, 다른 의원들과 함께 법안을 마련하고 통과시키는 일을 계속 수행할 수 있다.

나라별로 입법부인 국회를 하나로 운영하는지, 아니면 두 개로 나누어 운영하는지에 따라서 '양원제'와 '단원제'로 나뉜다. 미국, 영국, 독일 등은 상·하원으로, 일본은 참·중의원으로 나누는 등 칠십여 개가 넘는 나라에서 **양원제**를 채택하고 있다.

반면에 우리나라와 이스라엘, 스웨덴, 뉴질랜드, 핀란드 등은 국회가 하나로 이루어진 **단원제**를 채택하고 있다.

아이슬란드에는 세계에서 가장 오래된 국회가 있다! '알팅그'라고 불리는 아이슬란드의 국회는 930년에 시작되어서 지금까지 이어져 오고 있다.

특이하게도 **영국 의회**는 상원(귀족)과 하원(서민)의 양원을 '지위'로 나누어 구성한다. **하원 의원**은 국민인 유권자들이 지역별로 투표를 통해 뽑는데, 하원에는 집권당인 여당 소속으로 정부를 구성하는 의원들과 야당에 속한 의원들이 섞여 있다. 당연하

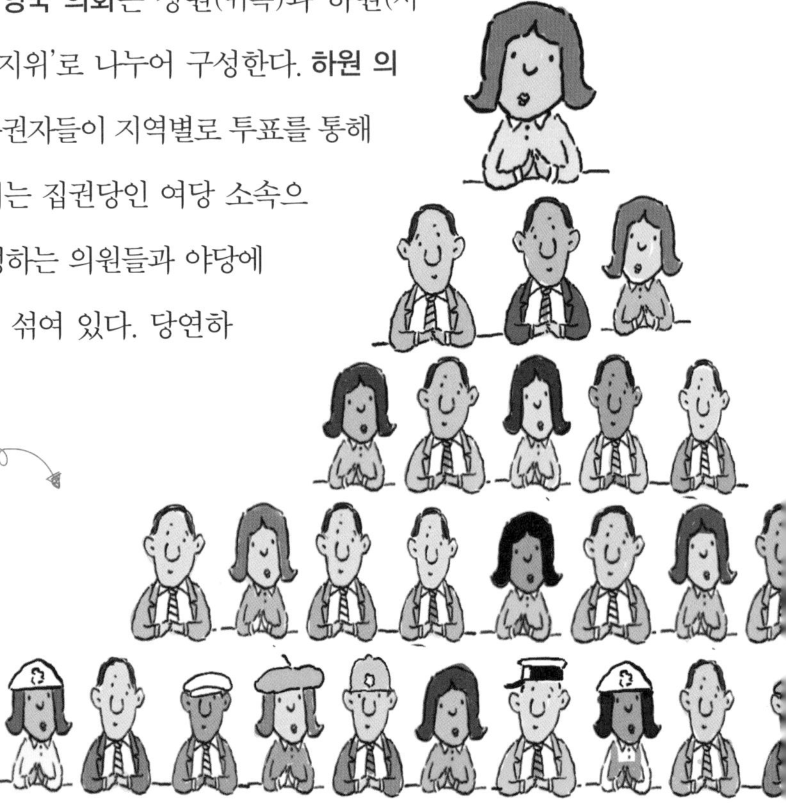

민주주의 국가의 정치 형태는 마치 피라미드와 같다. 가장 아래에 선거에 참여하는 국민들이 있고, 국민들이 투표로 뽑은 소수의 대표들이 국회를 구성한다. 일반적으로 정권을 잡은 집권당의 의원들이 정부의 요직을 차지한다. 마지막으로 가장 위에 정부의 우두머리, 즉 대통령 또는 총리가 있다.

게도, 총리 역시 하원 의원 중에서 뽑는다.

한편, **상원 의원**은 하원 의원과 달리 일생 동안 유지하는 종신직이다. 귀족의 지위를 부모에게 물려받아 상원 의원이 되는 경우도 있지만, 나라에 기여한 공로와 전문성을 인정받은 사람 중에서 총리가 심사·추천하여 왕이 임명하는 경우가 많다. 상원 의원은 보수가 없는 명예직이기도 하다.

하원에서는 집권당인 정부와 그에 맞서는 야당이 머리를 맞대고 정부가 어디에 어떻게 돈을 쓸 것인지, 또 어떤 새로운 법안을 제안하고 불필요한 법안을 수정할 것인지 등, 중요한 정치적 사안을 놓고 논의한다. 상원에서는 하원에서 통과시킨 법안이나 예산안에 대해 토론하고 심사하는 역할을 맡는다.

절차에 맞춰 상·하원 모두 최종적으로 동의한 안건은 국가 원수인 왕이 승인하고 모든 국민이 알 수 있도록 널리 알린다.

### 책임과 권한이 한 명에게 : 대통령제

대통령제 국가의 지도자는 바로 **대통령**이다! 국민이 투표로 뽑은 대통령은 행정부의 우두머리가 된다. 이때 행정부와 입법부가 엄격하게 분리된다. 그래서 행정부와 국회 사이에 의견 충돌이 생기면 조정하기가 어렵고 시간도 많이 걸린다. 또한 대통령에게 막강한 권한이 주어지기 때문에, 입법부나 사법부의 견제가 약해질 경우 독재로 이어질 수도 있다.

우리나라와 미국 등 대통령제를 채택한 국가에서 대통령은 입법부와 완전히 분리되어 있다. 조금 어려운 말로 '상호 독립적'으로 존재한다고 부른다. 앞서 살펴본 의원 내각제 국가인 영국에서는 총리가 하

대통령제에서는 입법부가 합의해 통과시킨 법을 행정부가 집행하고, 사법부는 법이 잘 시행되는지 감독한다.

여기서 잠깐!

### 대통령제 이모저모

같은 대통령제라도 우리나라 국회와 달리, 미국 의회는 상원과 하원의 양원으로 나뉘어 있다. 미국을 이루는 50개 주에서 인구수와 상관없이 각각 상원 의원 두 명, 그리고 한 명 이상의 하원 의원을 뽑는다. 하원 의원은 각 주의 인구수에 비례해서 배정되기 때문에 사람이 많이 사는 주에서는 더 많은 하원 의원이 선출된다. 현재 미국 의회는 상원 의원 100명, 하원 의원 435명으로 구성되어 있다. (우리나라 국회 의원 수는 300명이다.)

특이하게도 프랑스는 대통령제와 의원 내각제가 혼합되어 있다! 국가 원수인 대통령은 국민이 투표로 뽑는다. 프랑스 대통령은 외교와 국방을 책임지고, 의회의 동의를 얻어 총리를 임명할 수 있는 권한을 갖는다. 한편, 총리는 정부의 총책임자로서 국내 정치만 담당한다. 프랑스 국내에 영향을 미치는 정책만 수립하고 집행하는 것이다. 상원과 하원으로 구성된 프랑스 의회가 하는 역할은 다른 나라와 거의 비슷하다.

원 의원으로서 입법부인 의회에 계속해서 소속되어 있다는 사실과 비교해 보면 크게 다르다는 걸 알 수 있다.

그렇다고 대통령이 입법부와 함께 일하지 않는다는 말은 아니다. 우리나라의 경우 입법부인 국회에서 만들고자 하는 법안은 반드시 대통령의 승인을 거치게 되어 있다. 대통령이 승인하고 서명해야만 법으로 확정되는 것이다.

물론 특정 법안에 대해 대통령이 거부권을 행사할 수도 있다. 하지만 국회에서 의원 3분의 2 이상의 찬성으로 해당 법안이 합당하다는 판단을 다시금 내릴 경우, 대통령의 거부권 행사를 막을 수 있다.

마찬가지로 대통령은 행정부의 우두머리로서 해당 분야에 새로운 법이 필요하다는 뜻을 국회에 전달할 수는 있지만, 국회에서 대통령의 뜻에 동의하여 법안을 제출해야만 서명하고 확정지을 수 있다. 즉, 행정부와 입법부가 서로 견제할 수 있는 무기를 갖고 있는 셈이다.

행정부와 입법부가 힘을 나누는 건 어느 한 기관이 권한을 남용하려 할 때 다른 기관이 억제할 수 있도록 하기 위해서이다. 예를 들어 국회

새로운 법을 만들거나 기존의 법을 바꾸기 위해서는 정부와 국회가 모두 찬성해야 한다. 둘 다 동의하기까지 법안이 몇 번이나 수정되기도 한다.

가 예산안을 승인해야 대통령이 예산을 집행할 수 있으며, 대통령이 다른 나라에 전쟁을 선포하려 할 때 국회는 이를 막을 수 있다. 이는 모두 막강한 권한을 갖고 있는 대통령의 독재를 막기 위한 제도적 장치들이다.

이처럼 의원 내각제나 대통령제 모두 장단점을 갖고 있다. 또한 다수당의 횡포나 대통령의 독재를 막기 위한 이중, 삼중의 장치가 마련되어 있다는 공통점을 갖고 있다. 따라서 어느 제도가 더 좋다는 논쟁보다는, 현재 상황에 어떤 권력 구조가 더 유리할지 국민이 현명하게 판단하는 자세가 필요하다.

민주주의 국가에서 권력은, 결국 국민에게서 나오는 거니까!

# 나라의 든든한 살림꾼, 정부

교실에서 주위를 한번 둘러보자. 선생님 말씀에 귀 기울이는 친구들, 책이 꽂혀 있는 책장, 수업 내용이 적힌 칠판, 열심히 수업을 하시는 선생님 등이 눈에 띌 것이다. 교문을 나서면 어떨까? 깜빡거리는 신호등, 나무가 우거진 공원, 쓰레기를 치우는 환경미화원 등을 쉽게 볼 수 있다. 갖가지 물건과 장소, 일하는 사람들……. 놀랍게도 우리 눈에 보이는 거의 모든 것은 정부의 꼼꼼한 손길을 거친다.

정부가 하는 일 가운데서 가장 중요한 것 중 하나가 **공공 서비스**이다. 말 그대로 사회 구성원들에게 여러 가지 편의를 제공하는 일이다. 정부는 사회 기반 시설, 즉 건물이나 도로, 전력 공급망처럼 사회가 올바르게 돌아가기 위해 꼭 필요한 각종 설비와 구조물을 마련하고 운영할 책임이 있다.

정부는 학교를 짓고, 학교에 필요한 물품을 지급하고, 학생들을 가르치는 선생님에게 임금을 지불한다. 학교에서 가르치는 학습 내용이

나 한 반의 학생 수를 결정하는 것 역시 정부의 역할이다. 아픈 사람을 치료하기 위해 병원을 짓고, 의사를 비롯한 의료 종사자들이 일할 수 있도록 시설을 마련하고, 처방전이 필요한 의약품의 단가를 결정한다. 이 밖에도 소방, 경찰, 교통, 국방 등이 모두 공공 서비스에 속한다.

## 질서를 유지하려면 법을 지켜라!

정부의 기본적인 의무 중 하나는 국민을 보호하는 일이다. 정부는 누군가 다른 사람을 해치거나, 남의 물건을 훔치지 못하도록 법을 만들고 경찰로 하여금 지키도록 만든다.

나라마다 정부가 제공하는 공공 서비스의 종류와 수준이 다르다.

**법**은 그 나라 국민들의 동의 아래, 사회 구성원들의 건강과 안전을 지키기 위해서 존재한다. 법에는 국민이 반드시 지켜야 할 것과 절대로 해서는 안 되는 행동이 자세하게 적혀 있다.

차를 탈 때는 안전띠를 꼭 매야 하고, 적정한 나이가 되면 학교에 다녀야 한다. 또 과속 운전을 하면 안 되고, 다른 사람의 물건을 마음대로

법은 사회가 원활히 돌아갈 수 있도록 만들어 준다! 교통 신호를 잘 지키면 모든 사람이 학교와 직장으로 빠르고 안전하게 갈 수 있다. 하지만 운전자들이 신호를 무시하고 내키는 대로 운전한다면? 아마도 대혼란이 벌어질 것이다.

여기서 잠깐!

### 법을 만들려면?

① 행정부나 국회에서 만들고자 하거나 고치고자 하는 법을 제안한다.

② 국회의 상임 위원회에서 법의 내용을 검토하고 논의한다.

③ 상임 위원회를 통과한 법은 국회 본회의에 올라간다. 이 단계에서 국회 의원들이 다수결로 찬성과 반대를 결정한다. 만약 국회 의원 과반수가 출석한 후, 출석한 의원의 과반수가 찬성하면 본회의를 통과하게 된다.

④ 행정부의 대표인 대통령의 서명을 받는다.

⑤ 국민들에게 관련 내용을 알리면 '입법', 즉 법을 만드는 과정이 완료된다!

빼앗아도 안 된다. 이 모든 것이 법으로 엄격하게 규정되어 있다.

법은 모든 사람에게 공정하게 적용되며, 법을 어기면 누구나 처벌을 받는다. 반대로, 잘못이 없는 사람이 억울하게 처벌받지 않도록 보호하는 역할도 한다.

## 경제를 살려라!

재화를 만들거나 사고팔고, 서비스를 제공하는 등 사회 구성원들의 경제 활동을 지원하기 위해 정부가 돈과 자원을 관리하는 행위를 **경제 정책**이라고 한다.

여기서 **재화**는 자동차, 음식, 옷 같은 물건을 가리킨다. **서비스**는 가르치거나, 머리를 다듬는 것과 같이 사람들 사이에 서로 주고받는 활동을 말한다. **자원**은 말 그대로 땅이나 석탄, 수산물 같은 원료를 통틀어 일컫는다.

정부는 매년 국가의 경제 규모, 그러니까 재화와 서비스의 생산량이 늘어나 국민이 더 잘살게 되는 것을 목표로 삼는다. 재화와 서비스를 제공받으려는 사람이 늘면 기업이 할 일이 많아지고, 그러면 더 많은 사람들이 일자리를 얻고 높은 임금을 받게 된다. 또 기업의 실적이 좋아지면 정부에 내는 세금도 많아진다.

돈을 발행하고 위조 지폐의 사용을 막는 것도 정부가 하는 중요한 일 가운데 하나이다.

여기서 잠깐!

## 세금 낼 시간이다!

정부가 열심히 추진하는 공공 서비스는 공짜가 아니다. 정부는 쓰레기를 수거하는 공무원들에게 주는 임금, 도로를 고치고 공원을 가꾸는 비용, 신호등을 작동시키는 데 필요한 전기료를 전부 국민의 '세금'으로 마련한다. 세금이란, 정부가 사람들의 소득이나 갖고 있는 자본의 가치에 따라 국민에게서 걷어 들이는 돈이다. 행정부의 최고 책임자인 대통령이나 총리의 월급도 전부 세금에서 나간다!

또 정부는 국민들이 생산 활동을 잘할 수 있도록 다양한 방법으로 돕는다. 예를 들어 자금을 빌려주거나 최신 기술을 지원해 농부들이 더 많은 작물을 기를 수 있도록 돕고, 홍수나 지진과 같은 재해를 겪으면 피해를 줄일 수 있도록 적극적으로 나선다. 그리고 새로운 사업을 시작하려는 사람들에게 교육 프로그램을 제공하기도 한다.

정부가 나서서 도움이 필요한 사람들을 지원하는 일을 **사회 보장 정책**이라고 한다. 대부분의 국가는 사회에서 가장 약하거나, 어려움에 빠진 사람들이 최소한의 생활을 유지할 수 있도록 제도를 마련해서 도와준다.

예를 들어 보살펴 줄 가족이 없는 아이들, 나이가 들거나 병이 나서 치료가 필요한 노인들, 장애가 있는 사람들 등을 돌본다. 또 경제적으로 어려운 사람을 위해 보조금을 지급하는 나라도 있다. 일자리를 잃

정부가 국민들로부터 걷는 세금은 종류가 매우 다양하다. 자동차세는 자동차를 소유한 사람이 도로를 이용하는 대가로 내는 세금인데, 정부는 이렇게 걷은 세금으로 도로를 유지, 보수한다.

었거나 가족을 돌보느라 경제 활동을 할 수 없는 사람에게 수당을 주기도 하고, 노숙인 쉼터를 운영하기도 한다.

국민이라면 힘들 때 누구나 나라의 도움을 받을 수 있다. 물론 정부의 지원을 받을 수 있는 자격을 정하거나, 지원 대상자로 적합한지 심사를 하는 일은 국민의 동의 아래 공정하게 진행되어야 한다. 이런 이유로 사회 보장 업무를 담당하는 부서를 따로 운영하는 경우가 많다.

## 우리 강산 푸르게, 더 푸르게

사람들은 숲을 산책하기도 하고 바다에서 수영을 하기도 한다. 하지만 우리 주변의 산과 바다에서 살아가는 동식물들을 어떻게 보호해야 하는지 생각해 본 적은 별로 없을 것이다.

인구가 늘어나면서 집을 짓거나 농사를 지을 땅이 더 많이 필요해지고, 이로 인해 자연과 동식물 서식지는 큰 위협을 받고 있다. 최근 들어 자연환경을 보호할 정부의 책임과 역할이 점점 더 커지는 추세이다.

정부는 환경을 보호하기 위해 사람들이 공기와 물을 오염시키지 못하도록 법을 만들어 시행하고, 주기적으로 과학자들에게 의뢰해 환경이 얼마나 오염되었는지 조사한다.

또 야생 동식물을 보호하는 동시에, 사람들이 청정한 자연환경을 즐길 수 있도록 국립공원과 같은 **자연 보호 구역**을 지정해서 관리한다. 함

여기서 잠깐!

### 자연재해를 막는 일도 정부의 몫!

우리는 식량에서 지하자원에 이르기까지, 수많은 자원을 자연으로부터 얻는다. 하지만 때로는 홍수와 지진, 가뭄과 태풍 등 자연재해 때문에 엄청난 피해를 입기도 한다.

정부는 국민이 자연재해로 인해 피해를 입지 않도록 예방하고, 어쩔 수 없는 피해를 입었을 때에는 복구할 수 있도록 돕는다. 언제 어디에서 어떤 재난이 닥칠지 예측해 방지할 수 있는 방법을 마련하고, 최대한 피해를 줄일 수 있는 계획을 세우며, 자연재해가 발생하면 즉시 지원에 나서는 것이다.

부로 녹지를 없애거나, 무작정 높디높은 건물을 지어 올리거나, 보호종으로 지정된 희귀 동식물을 사고파는 행위를 금지하는 법을 만들기도 한다.

이외에도 정부는 환경을 보전하기 위해 시민 단체와 협력하거나 국제 협약을 맺는 등 다양한 노력을 기울인다.

자동차가 내뿜는 유독한 가스를 줄일 수 있도록, 여과 장치를 설치하게 권장하는 나라도 있다. 누구나 깨끗한 공기를 마셔야 건강을 지킬 수 있기 때문이다.

## 지방 정부가 따로 있다고?

**지방 정부**는 지방 자치를 실행에 옮기는 정부 기관을 말한다. 여기서 **지방 자치**란 일정한 지역을 기초로 하는 단체나 지역 주민 또는 대표가 그 지방의 일을 처리하는 제도이다. 중앙 정부로부터 일일이 지시를 받는 것이 아니라, 지역 주민과 지역 대표가 스스로 정책을 결정하고 실행하는 것이다.

지방 정부는 주민들과 가까이 있기 때문에 주민들에게 필요한 부분들을 잘 헤아려 그에 걸맞은 서비스를 제공할 수 다는 장점이 있다. 그런 이유로 요즘은 지방 자치를 실시하고 있는 나라가 꽤 많다.

지방 정부가 하는 일은 매우 다양하다. 자동차 도로를 안전하게 관리하고, 예산을 정해 자전거 도로를 새로 만든다. 또 지역 내 학교와 교육에 관련된 정책을 실시하고, 저소득층 가정을 돌보며, 어디에 주택을 얼만큼 더 지어야 할지 결정한다. 쓰레기를 수거하는 방법과 날짜 등의 규칙을 만들고, 주민들이 일회용품 사용을 줄일 수 있도록 다양한 홍보 활동도 펼친다.

지방 정부는 예산의 대부분을 중앙 정부로부터 지원받고, 나머지는 **지방세**를 걷어서 사용한다. 지방 정부가 하는 일에는 쓰레기 수거와 같이 반드시 해야 하는 의무적인 일이 있고, 불꽃놀이 축제처럼 예산이 충분할 때 유치하는 선택적인 일도 있다.

지방 의회에 소속된 의원들은 자신을 뽑아 준 지역 주민들의 요구를 알 수 있도록 항상 소통해야 하며, 지역에 영향을 미치는 중요한 결정이 이루어질 때는 주민들의 의견을 반영할 수 있도록 최대한 노력해야 한다.

**스위스**의 몇 개 주와 **일본**의 지방 자치 단체에서는 당선 이후에 나태해지는 공직자들의 경각심을 일깨우고자 '국민 소환 제도'를 도입하고 있기도 하다. **국민 소환 제도**란, 선거로 뽑은 대표나 공무원

시장이나 군수 같은 지방 자치 단체장은 자신의 지역에서 스포츠 대회나 연주회 등 큰 행사를 유치하기 위해 힘쓰기도 한다.

을 임기 내에 국민 투표로 파면할 수 있는 제도이다. 우리나라에서도 한 때 논의가 되었으나 아직까지 채택되지 않고 있다.

### 지역 이기주의를 벗어던지자!

지방 자치가 제대로 이루어지려면 지역 주민의 손으로 지역 대표를 선출하는 것만으로는 부족하고, 지역의 문제를 지방 정부와 주민 스스로 결정할 수 있는 권한이 있어야 한다. 그러려면 지방이 중앙 정부로부터 재정적으로 자립할 수 있는 능력이 뒷받침되어야 한다. 중앙 정부의 지원에 지나치게 의존하게 되면 지방 자치로 할 수 있는 일이 제한될 수밖에 없다.

우리나라는 1991년에 지방 의회를 구성하고, 1995년에 지방 자치 단체장을 뽑는 선거를 치르면서 지방 자치 제도가 처음 실시되었다. 우리나라의 지방 자치는 역사가 길지 않은 만큼 여러 가지 문제점을 안고 있기도 하다.

자기 지역에 쓰레기 하치장과 같은 혐오 시설이 들어서는 것을 기피해 꼭 필요한 국가 시설을 건립하지 못하게 하기도 하고, 과도한 재정 지출로 지방 재정이 악화되어서 반드시 집행해야 할 곳에 자금을 원활하게 지원하지 못하기도 한다.

따라서 주민들은 자신의 이익에 따라 모든 것을 판가름하는 지역 이기주의에서 벗어나, 지역과 국가의 이익을 조화롭게 생각할 줄 아는 마음이 필요하다.

또 지방 자치가 제대로 돌아가고 있는지, 갖가지 행정에 관심을 갖고 감시 및 감독을 게을리하지 않아야 성공적으로 각 지역에 뿌리내리도록 이끌 수 있다.

# 나라끼리 힘을 합치자, 국제 협력

다른 나라들과 좋은 관계를 유지하는 것도 정부가 해야 할 중요한 일이다. 전쟁이나 분쟁으로 이어질지도 모르는 불화를 미리 막을 수 있으니까! 여러 나라의 정부가 뜻을 모아 기업들 간에 어떤 조건으로 상품을 사고팔지 합의하는 '무역 협정'을 이끌어 내기도 한다. 무역 협정에는 다른 나라에서 들어오는 상품과 서비스에 매기는 세금인 '관세'를 덜어 주는 내용 등이 들어간다.

교통과 통신이 어마어마하게 발달하면서, 오늘날은 그 어느 때보다 세계 여러 나라 간에 교류가 활발하다. 그래서 각 나라의 정부는 자기 나라를 대표하는 외교관을 다른 나라에 보내 필요한 일을 처리하도록 한다. 이처럼 다른 나라에 머물면서 자신의 나라와 관련된 일을 하는 외교관들의 무리를 **외교 사절단**이라고 부르고, 이들이 일하는 건물을 **대사관**이라고 한다.

대사관은 주로 외국의 수도에 있다. 외교관들은 다른 나라와의 관계를 원만하게 이어나가기 위해 노력하며, 외국에 나와 있는 자국 국민을 돕는 역할을 한다.

각 나라에 파견된 외교관들의 대표를 **대사**라고 하는데, 자신이 소속된 나라의 정부 입장을 대변하는 역할을 한다.

## 나라와 나라가 똘똘 뭉치다!

국경을 넘어선 중대한 문제를 해결하기 위해, 여러 나라 정부가 모여 함께 행동하기로 협의하기도 한다. 이렇게 조직된 기구는 클럽과 비슷하다. 정해진 규정을 따르기로 약속하고, 분담금도 내야만 참여할 수 있기 때문이다.

예를 들어 **유럽 연합**(EU)은 유럽 대륙에 사는 사람들이 충분한 돈을

여기서 잠깐!

### 외교관의 무기, 면책 특권

나라 간에 맺은 국제 협약에 따라, 외교관은 머무르는 나라에서 범죄를 저질러도 경찰에 체포되지 않는다. 해당 국가에서는 범죄를 저지른 외교관을 추방할 수 있을 뿐이다. 이를 '외교관 면책 특권'이라고 한다. 또 각 나라의 정부는 최선을 다해 자신의 나라에 들어와 있는 외교 사절단을 보호하기 위해 노력한다. 대부분의 국가는 협정에 따라 대사관을 자국의 영토로 여기므로, 대사관이 공격받으면 자국이 공격받는 것과 똑같은 것으로 생각하고 대응하기 때문이다.

벌고, 공정한 대우를 받으며, 전쟁의 위협 없이 평화롭게 지낼 수 있도록 유럽 여러 국가들이 협력하여 만든 기구이다.

우리나라 역시 국제 연합을 비롯해, 경제 협력 개발 기구(OECD), 아시아 태평양 경제 협력체(APEC), 국제 원자력 기구(IAEA) 등 많은 국제 협력 기구에 가입하여 협력하고 있다.

외교관들은 때때로 자신의 나라에 도움이 되는 다른 나라의 기밀을 몰래 캐내려다, 스파이 혐의로 기소되는 경우도 있다.

### 전쟁은 안 돼 : 국제 연합

지구촌 문제들은 개인의 힘으로 해결하기가 어렵다. 세계 여러 나라는 서로 힘을 모아 이러한 문제를 해결하고 위해 노력하고 있다.

1939년에서 1945년까지 벌어진 제2차 세계 대전으로 많은 사람들이 죽었고, 전쟁에 참여한 나라들은 막대한 피해를 입었다. 이를 계기로 세계는 평화로운 방법으로 갈등을 해결할 수 있는 단체를 만들었다. 1945년 10월에 설립된 **국제 연합**(UN)은 바로 지구촌의 평화 유지와 전쟁 방지, 국제 협력 활동을 위해 설립된 단체이다.

국제 연합을 상징하는 표식. 세계 지도는 '전 세계 모든 국가와 인류'를, 지도를 둘러싼 올리브 나뭇가지는 '평화'를 상징한다.

국제 연합에는 유니세프, 유네스코, 세계 보건 기구 등 다양한 전문 기구들이 속해 있으며, 전 세계에서 일어나는 문제들을 해결하기 위하여 지금도 끊임없이 노력을 기울이고 있다.

국제 연합은 현재 가입국이 193개국에 이르는데, 각각 다른 사업을 추진하는 여러 가지 기구로 구성된다.

**유니세프**는 전 세계 어린이를 위해 일하는 국제 연합 기구이다. 국적, 인종, 종교, 성별에 상관없이 어려움에 처한 어린이를 지원하고 구조한다. 질병 예방, 교육, 어린이 보호와 같은 다양한 활동을 하며 어린이의 권리 향상을 위해 힘쓴다.

**유네스코**는 교육, 과학, 문화 분야에서 국제 협력을 하며 보호해야 할 가치가 있다고 인정되는 자연, 사물, 문화와 같은 세계 유산을 지키는 일을 한다. 또, 학교 정책, 교사 교육, 타 문화 이해 사업뿐만 아니라 인권과 환경 분야에서 교육 사업을 펼친다.

**세계 보건 기구**는 전 세계 모든 사람들의 신체와 정신 건강이 최고 수준에 도달하는 것을 목적으로 활동한다. 유행병이나 전염병에 대한 대책을 마련하고, 질병에 관한 연구 자료와 정보를 제공하며, 사람들이 깨끗하고 안전한 환경에서 건강하게 생활할 수 있도록 캠페인을 벌

여기서 잠깐!

### 평화를 꿈꾸다, 남북 정상 회담

공통의 문제를 논의하기 위해 여러 나라의 정상이나 외교관들이 만나는 정치적인 행사를 '정상 회담'이라고 한다. 세계 각국의 정부는 주로 '전쟁의 위협'이나 '기후 변화' 같은 중대한 문제를 다루기 위해 정상 회담을 연다.

2018년에 열린 남북 정상 회담은 한국 전쟁 이후 오십 년 넘게 휴전 중인 남·북한이 협력하여 '종전(전쟁이 끝났다는 합의) 선언'을 할 수 있는 계기를 만들었다는 평가를 받는다. 한국 전쟁 이후 지금까지 남한과 북한은 휴전 상태이다. 전쟁이 끝난 게 아니라, 멈추고 있는 상태라는 뜻이다.

남·북한은 정상 회담을 통해 종전 선언을 하는 동시에, 강대국들의 이해관계가 복잡하게 얽혀 있는 한반도에서 핵무기를 없애는 비핵화도 강하게 추진하고 있다. 이처럼 정상 회담은 세계적인 평화와 협력으로 나아가는 데 중요한 역할을 담당하는 정치적 행사이다.

이기도 한다.

1991년 9월 17일, 우리나라는 북한과 함께 이사회 만장일치로 국제 연합에 동시 가입했다. 이후 평화 유지 활동을 비롯해서, 안전 보장 이사회 비상임 이사국 진출 등 국제 연합의 일원으로서 적극적인 협력에 나서고 있다.

### 세계의 평화와 안전을 위하여 : 비정부 기구

국제 연합과 같은 국제 기구뿐 아니라, 여러 단체에서도 지구촌의 문제들을 해결하기 위해 부지런히 활동을 하고 있다. 지구촌에 갈등과 문제가 발생했을 때 이를 해결하기 위해 국가가 아닌 민간단체가 나서기도 한다.

이때 민간단체가 중심이 되어 만들어진 조직을 **비정부 기구**라고 부른다. 비정부 기구는 지역, 국가, 종교에 상관없이 조직된 자발적인 시민 단체로 정치, 인권, 환경, 보건, 성차별 철폐 등 다양한 목적을 위해 일한다.

비정부 기구는 특정 국가의 이해관계에 관련되어 있지 않으므로 다양한 관점에서 정부 활동을 감시하거나 정책을 홍보하며 동조자를 구한다.

**그린피스**는 1971년에 반전, 반핵 운동가를 포함한 환경 보호 운동가들이 모여 결성한 비정부 기구이다. 초기에는 반핵이 주된 슬로건이었으나 포경 산업 반대, 유전자 조작 식물 반대 등 광범위한 환경 문제를 다루고 있다.

**국제 사면 위원회**는 인권의 침해를 받는 사람들의 편에서 정의를 요구하는 것을 목적으로 하는 비정부 기구이다. 양심수 석방, 고문의 추방, 사형제 폐지, 난민 보호 등을 주제로 국제적 차원에서 활동을 벌이고 있으며, 세계 여러 나라의 인권 침해 상황에 대한 보고서를 매년 발표하고 있다.

**국경 없는 의사회**는 1971년에 나이지리아에서 활동하던 프랑스 의사들과 언론인들이 힘을 합해 설립한 비정부 기구이다. 국제적 인도주의 의료 구호 단체로 1996년에 서울 평화상을, 1999년에 노벨 평화상을 받았다.

# 달라도 너무 달라, 정치 체제

누구나 한 번쯤은 정치인들이 입씨름하는 걸 텔레비전으로 본 적이 있을 것이다. 주로 소속된 정당이 다른 정치인들이 논쟁을 벌이곤 하는데, 이는 나라를 어떻게 운영할지에 대한 생각이 서로 다르기 때문이다. 흔히 이러한 생각을 '좌파'와 '우파', 혹은 '진보(사회)주의'와 '보수주의'로 나눠서 부르기도 한다. 대부분의 정당은 진보주의와 보수주의 사이 어딘가에 자리 잡고 있다고 볼 수 있다.

## 돈, 돈, 돈! : 보수주의

세상에는 다양한 보수주의 정당이 있다. 일반적으로 **보수주의**, 즉 우파란 큰 변화를 꺼리며 사회 질서를 기존의 모습 그대로 지키려는 입장을 가리킨다. 그렇지만 같은 보수주의라고 전부 똑같은 주장만 하는 것이 아니라 조금씩 다른 생각을 갖고 있다.

보수주의 정치인들은 세상에 다른 사람들보다 더 부유한 사람이 있는 건 자연스러운 일이고, 이를 동기로 삼아 사람들이 무엇인가를 이루고 성취하기 위해 노력한다고 여긴다.

나아가 스스로를 돌보는 건 각 개인의 책임이므로, 어려운 사람을 돕는 일은 자선 단체나 종교 시설, 지역 사회가 나설 일이지 정부가 책임질 일은 아니라고 생각한다. 또 사회와 전통을 안전하게 지키기 위해 법이 엄격해야 하며, 동시에 범죄자를 강력하게 처벌해야 한다고 주장한다.

또 보수주의 정치인들은 개개인이 기업을 소유해야 하며, 정부가 이런 기업의 활동을 막는 정책을 펴서는 안 된다고 주장한다. 자유롭게 경제 활동을 하도록 내버려두면 기업들이 돈을 더 많이 벌 것이고, 그럼 일자리도 늘어나고, 정부가 걷는 세금도 많아지고……, 결과적으로 국가에 도움이 된다는 것이다.

여기서 잠깐!

### 각 나라를 대표하는 보수주의 정당

나라마다 대표적인 보수주의 정당의 이름은 각기 다르지만, 급격한 변화보다는 천천히 개혁하는 편을 선호한다는 공통점이 있다. 보수주의 정당은 사회주의 정당이 등장하면서, 자본주의 체제를 대변하는 정당이라는 이미지를 갖게 되었다. 하지만 예전처럼 보수와 진보의 경계가 분명하지는 않은 편이다.

• **독일** : 기독교 민주 연합(기민당) • **미국** : 공화당 • **영국** : 보수당(토리당)
• **일본** : 자유 민주당(자민당) • **프랑스** : 공화당 • **호주** : 자유당

여기서 잠깐!

### 오른쪽으로 가장 멀리 있는, 극우 정당

극우는 '극단적으로 보수주의적인' 정치 이념을 가리킨다. 극우 정당은 정부가 가난한 사람이나 외국인을 위해 지원하는 것조차 반대한다. 또한 이민자에 대해 반대하는 성향을 보이기도 한다. 다른 나라에서 온 외국인들이 자신들의 나라에서 다양한 혜택을 받으며 지내는 걸 싫어하기 때문이다.

뿐만 아니라 사람들이 자신의 능력으로 벌어들인 수익을 최대한 많이 가질 수 있도록 정부에 내는 세금이 줄어들어야 된다고 여긴다. 그러면 정부가 어려운 사람들을 돕거나 국민에게 의료 서비스를 제공하기 위해 쓰던 예산이 줄어들 수밖에 없는데, 보수주의 정치인들은 개인이 내는 세금이 줄어든 만큼 각자 늘어난 수입으로 원하는 서비스를 이용하면 된다고 주장한다.

예를 들어 맹장염에 걸려서 치료를 받아야 할 때면, 자신이 가입한 민간 의료 보험으로 해결할 수 있는 병원에 가서 치료를 받으면 된다는 것이다.

## 커다란 정부가 필요해! : 진보주의

진보주의도 정당에 따라 다양한 모습으로 주장을 펼친다. 하지만 일반적으로 사람은 공동체 속에서 함께 살아가는 사회적 존재라는 사실을 중요하게 여기는 사회주의적 경향을 갖고 있다. 진보주의 정치인들은 사람들이 경쟁하기보다 서로 힘을 합칠 수 있도록 정부가 적극적으로 도와야 한다고 여긴다.

**진보주의** 정치인들은 정부가 국민의 삶을 더 나아지게 만들기 위해 보다 큰 역할을 해야 한다고 주장한다. 즉, 정부가 기업의 경제 활동을 규제해 부가 고르게 분배될 수 있도록 노력해야 한다는 것이다. 그러면 모든 사람이 평등한 사회를 만들 수 있다고 생각한다.

예를 들어, 근로자가 받을 수 있는 최소한의 시간당 임금을 **최저 임금**

많은 나라의 의회에서 좌파 정당에 소속된 의원들은 왼쪽에, 우파 정당에 소속된 의원들은 오른쪽에 앉는다! 이런 관례는 프랑스 대혁명 때 소집된 국민 의회에서 유래되었다. 급진적인 개혁을 원하는 공화파가 왼쪽에, 왕정 유지를 원하는 왕당파가 오른쪽에 앉으면서 좌파와 우파로 구분해서 부르게 된 것이다.

이라고 부른다. 이런 최저 임금을 올려야 한다는 주장은 진보주의 정당에서 나올 확률이 높다. 최저 임금이 오르면, 기업이 낸 이익에서 근로자가 갖게 되는 몫이 점차적으로 커질 수 있기 때문이다.

또 철도나 상하수도처럼 중요한 산업은 국가가 운영하는 것이 옳다고 주장한다. 그래야만 모든 국민이 공평하게 이용할 수 있고, 이러한 산업들로부터 나오는 이익이 나라 전체의 몫으로 돌아갈 수 있다고 여기기 때문이다.

진보주의 정치인들은 철도나 전력처럼, 모든 사람의 생활과 관련된 기간산업은 국가가 소유해야 한다고 주장한다.

동시에 진보주의 정치인들은 소득에 따라 세금을 다르게 매겨야 한다고 주장한다. 소득이 많을수록 더 많은 세금을 내야 한다는 것이다. 그럼 정부는 늘어난 세금으로 부자든 가난한 사람이든 가리지 않고, 모든 사람을 대상으로 공공 서비스를 제공할 수 있다.

예를 들어, 누구나 무상으로 제공받는 교육이나 의료 서비스를 시행할 수 있을 것이다. 일자리가 없는 사람을 지원해 주거나, 특히 형편이 어려운 사람을 위해 예산을 활용할 수도 있다.

진보주의 정치인들은 사회보장 제도가 잘되어 있을수

최근에는 많은 정당이 진보 또는 보수 이념에 치우치는 대신, 그 사이에 자리한 '중도'적인 성향을 보이기도 한다. 선거에서 더 많은 표를 받기 위해서이다!

여기서 잠깐!

### 각 나라를 대표하는 진보주의 정당

대표적인 진보주의 정당 역시, 나라마다 이름이 다르다! 사실 보수주의 정당의 경우 한 국가의 기득권인 경우가 많기 때문에, 진보주의 정당이 정권을 잡을 확률은 그리 높지 않다. 일본의 대표적인 진보주의 정당인 사회 민주당(사민당)의 경우, 보수주의 정당인 자민당에 밀려 집권당이 되지 못한 채 여러 정당으로 분열되어 정당의 지위를 잃어버리기도 했다.

• **독일** : 사회 민주당(사민당) • **미국** : 민주당
• **영국** : 노동당 • **프랑스** : 사회당 • **호주** : 노동당

록 사람들이 건강하고 근심 없이 일을 잘할 수 있으므로, 결과적으로는 나라 경제에 더 크게 기여할 수 있다고 여긴다.

## 똑같이 나누자! : 공산주의

개인과 기업이 돈을 벌고 쓰는 문제, 그러니까 경제를 어떻게 바라보느냐에 따라 정치인들의 입장이 가장 크게 갈린다.

**공산주의**는 돈을 포함해 국가에 존재하는 모든 자원을 사람들이 고루 나눠 가져야 한다는 믿음에서 비롯되었다. 광산, 공장, 농장 같은 모든 기업과 자산은 국민 공동의 소유이며, 개개인의 능력에 관계없이 부를 평등하게 분배받아야 한다는 것이다.

이론적으로 공산주의 사회라면 가난이 사라져야 정상이다. 모두가 먹고살 만큼 식량과 돈을 갖게 될 테니까. 그러나 실상은 그렇지가 못하다.

오히려 국가를 통제하기 위해 국민을 억압함으로써 더 큰 문제가 불거졌다. 소련의 스탈린이나 중국의 마오쩌둥 같은 공산주의 지도자들이 반대 세력을 무자비하게 탄압했던 것이이다. 결국 사람들은 이런 폭력적인 지도자와 사회를 거부하기에 이르렀다.

한때 세계 인구의 3분의 1가량이 공산주의 체제 아래에 살았던 적도

진보와 보수의 정치 이념 중 어느 쪽도 '틀린' 건 아니다. 관점의 차이일 뿐, 둘 다 더 나은 사회를 만들려는 좋은 의도에서 나왔기 때문이다. 사실 대부분의 사람들은 진보주의 정당이 주장하는 정책인지 보수주의 정당이 추진하는 정책인지에 상관없이, 자신에게 유리하면 동의하고 불리하면 동의하지 않는다.

공산주의의 문제점은 사람들에게 자기 스스로 선택하거나 결정을 내릴 자유가 주어지지 않는다는 점이다. 게다가 어차피 모든 사람이 똑같은 보상을 받기 때문에 열심히 노력할 이유가 없다.

있다. 그렇지만 지금 남아 있는 공산주의 국가는 쿠바, 라오스, 북한, 베트남 네 나라뿐이다.

## 자유롭게 경쟁해! : 자본주의

**자본주의**는 공장, 사무실, 운송 회사 같은 기업과 자산을 개개인이 소유하고, 자본(돈)을 버는 과정을 국민 모두에게 권장하는 경제 체제이다. 자본주의 체제에서는 구매자가 어떤 물건을 사고 무슨 서비스를 받기 원하는지, 그리고 그것을 구매하는 데 돈을 얼마나 쓰는지에 따라 시장이 그때그때 변한다.

어느 해에 유난히 수박 농사가 잘되어서 너도나도 수박을 산다고 치자. 그럼 한 통에 만 원 하던 수박이 만 이천 원으로 오르고, 곧이어 만 육천 원으로 오르고……. 결국 사람들이 경쟁적으로 사는 만큼 수박 가격이 비싸질 뿐 아니라, 더 이상 아무도 사지 않을 때까지 값이 오르게 된다.

이렇게 자본주의 체제에서는 정부의 개입 없이도, 판매자와 구매자가 알아서 시장 가격을 조정한다. 물가, 주가, 부동산 등 우리가 흔히 뉴스에서 보고 들을 수 있는 경제 요소들 전부 비슷한 방식으로 오르내리기를 반복한다.

여기서 잠깐!

## 진보와 보수 사이, 사회적 자유주의

사회적 자유주의는 진보와 보수 사이에서 '중도'를 찾는 정치적 자세라고 볼 수 있다. 사회적 자유주의를 추구하는 사람들은 정부가 도움이 필요한 사람들을 도와줘야 하지만, 동시에 사람들이 스스로 노력할 수 있도록 지원해야 한다고 여긴다. 예를 들어 국가의 개입이 필요할 때에는 기업의 활동을 규제해야 하지만, 개인과 기업이 자유롭게 돈을 벌 권리도 어느 정도 보장해 줘야 한다는 것이다.

자본주의 경제 체제에서는 정부가 국민들의 소득 중 일부를 '소득세'라는 세금으로 걷어서, 그 돈으로 교육과 같은 공공 서비스를 제공한다.

판매자는 이익을 추구하기 때문에 사람들이 원하는 물건이면 어떤 것이든 만들어 판매한다. 자본주의의 원리는 기업이 경제를 움직이고, 그 과정에 정부는 간섭하지 말아야 한다는 점이다.

그래서 자본주의는 **자유 시장 경제**, 또는 자유 기업 경제라고 불리기도 한다. 개인과 기업이 자유롭게 돈을 벌고 쓸 수 있기 때문이다.

## 둘 다 섞어! : 혼합 경제 체제

공산주의와 자본주의는 둘 다 완벽하지 않다. 그러니까 장점도 있고,

여기서 잠깐!

### 중국의 특별한 공산주의

중국은 공산당의 통치하에 있지만, 중국의 경제 체제는 공산주의가 아닌 '사회주의 시장 경제'라고 일컫는다. 전력이나 수송, 통신처럼 커다란 산업 부문은 공산당이 소유한다. 하지만 동시에 사기업의 자유로운 경제 활동을 허용할 뿐 아니라 적극적으로 권장하며, 개인도 자신의 뜻대로 재산을 모으거나 쓰고 투자하는 데 있어서 자유롭기 때문이다.

단점도 있다. 그래서 우리나라를 포함한 많은 나라가 두 가지 경제 체제를 적절히 섞어서 운영한다.

**혼합 경제 체제**는 기본적으로 자본주의 경제 체제를 따른다. 동시에 부를 쌓은 자본가들에 비해 상대적으로 약자가 될 수밖에 없는 다수의 근로자들이 가난한 삶에 빠지지 않도록, 정부가 시장에 개입해 여러 가지 규제를 하는 방식을 가리킨다.

# 정치 참여의 꽃, 선거

**투표는 다양한 사람으로 이루어진 공동체가 공정한 결정을 할 수 있도록 만들어 주는 방법 중 하나이다. 어떤 사람 또는 정당에게 국가의 권력을 주기 위해서 실시하는 투표를 '선거'라고 부르는데, 선거는 민주주의 정치 체제에서 무엇보다 중요하다. '누가 어떻게 우리를 통치해야 하는지'에 대해 국민으로서 의사 표시를 할 수 있는 좋은 기회이기 때문이다.**

많은 나라에서 지방 자치 단체장과 지방 의원 등 지역 사회의 일을 도맡을 지방 정부의 일꾼을 투표로 뽑는다. 학급 회장 선거를 떠올리면 이해하기 쉽다!

이들은 자신이 당선된 지역에 알맞은 산업과 일자리 육성, 상하수도 사업과 도로 보수, 쓰레기 수거 방식 등을 결정한다. 지방 정치인들은 지역 주민의 걱정거리—예를 들어 일자리가 줄어든다거나, 지역 경제에 이바지하는 중소기업이 파산하는 등등—가 생기면, 보다 큰 권력을 갖고 더 많은 예산을 다루는 중앙 정부의 정치인들에게 전달하기도 한다. 그러면 중앙 정부에서는 검토를 거쳐 해당 지역에 일자리가 많이 생기도록 새로운 사업을 벌이거나, 형편이 어려운 중소기업에 보조금을 지원해 주기도 한다.

해당 지역 주민만 참여하는 지방 선거와 달리, 전 국민이 참여하는 큰 규모의 선거도 있다! 바로 대통령 선거나 총선거에서는 나라 전체를 통치할 대통령과 국회 의원, 정당 등을 뽑는다. 맞다, 이번에는 전교 학생회 임원 선거를 떠올리면 되겠다.

투표는 정말이지 대단히 중요하다. 나랏일을 누가 결정하면 좋을지, 내 생각을 정확하게 표현할 수 있는 절호의 기회이기 때문이다.

선거로 선출된 정부에게는 자신들의 정치적인 신념을 현실로 만들 수 있는 시간이 보통 4년에서 5년 정도 주어진다. 그 시간이 지나면 국민들은 권력을 차지한 집권당이 일을 제대로 했는지 판단하고 새로운 정권으로 바꿀 것인지 아닌지 투표하게 된다.

## 우리는 생각이 똑같아! : 정당

선거를 앞둔 유권자들은 투표소에 가기 전에, 선거에 나온 여러 정치인과 정당들이 어떤 신념을 내세우고 있는지 알아본다. 정치인들 역시 이 사실을 누구보다 잘 알고 있다!

그래서 정부의 역할에 대해 비슷한 신념을 갖고 있는 정치인들이 모여 '정당'을 만들고, 나라를 어떻게 운영하겠다는 생각과 계획을 담아 '정책'을 내놓는다. 자신과 뜻을 같이하는 유권자들에게 정확하게 알리기 위해서이다.

**정당**은 정치적 의견을 같이하는 사람들이 정치 권력을 얻으려고 조직한 집단으로, 대의 정치를 할 때 핵심적인 역할을 수행한다.

선거에 후보자를 추천하여 국민의 지지를 얻음으로써 국민의 의사를 대변할 대표자를 배출하고, 국민의 여론을 형성하고 조직화해서 정책안을 마련한다. 또 정부의 정책 결정을 두고 국민의 지지를 유도하거나 반대하기도 한다. 특히 정당은 이러한 활동에 대해 선거에서 국민의 심판을 받음으로써 정치적 책임을 진다.

만약 환경 문제에 대해 주로 고민하는 정당이라면 기후 변화나 환경 재난에 대응할 다양한 방법을 제시할 확률이 높다. 범죄 문제에 큰 관심을 기울이는 정당이라면 범죄율을 줄이기 위한 방법 등을 공약으로 내걸게 될 것이다.

여기서 잠깐!

### 나의 권리를 이 한 표에!

투표 집계 결과, 대부분의 국가에서 노년층의 투표율이 이십 대의 젊은 층보다 높은 것으로 나타나고 있다. 정치인들은 표를 많이 얻기 위해 노력하는 사람들이기 때문에 당연히 이런 통계에 촉각을 곤두세울 수밖에 없다.

그 결과, 정치인들은 노후 연금, 복지 등과 같이 노년층에게 중요한 문제에 대해 더 많은 시간과 노력을 쏟는다. 젊은 층의 투표율이 낮으면 낮을수록, 그들이 중요하게 생각하는 대학 등록금이나 최저 임금 등과 같은 문제에 대해 정치인들의 관심은 점점 더 멀어지게 되는 것이다. 투표가 중요한 이유는, 이처럼 내가 갖고 있는 생각이나 불만을 드러내 정치인들의 관심사를 변화시킬 수 있기 때문이다!

반대로 정치인들은 '여론 조사'를 실시하기도 하는데, **여론 조사**란 사람들이 바라는 것을 알아내기 위한 특별한 조사로 유권자들의 요구에 맞는 정책을 만들 때 큰 도움이 된다.

선거에 나설 정치인들은 자신만의 색깔이 담긴 정책을 만들고 나면, 드디어 유권자들이 자신들의 정책에 표를 던지도록 설득에 나서기 시작한다!

투표권을 갖게 되면 신문과 정책 공약집 등을 살펴, 후보와 그들의 정책에 관해 관심을 갖고 알아보아야 한다. 누구를 뽑을지 스스로 선택해야 하기 때문이다!

여기서 잠깐!

## 근거 없는 편견을 경계하자!

점찍어 둔 후보의 토론회를 시청하고 정책 공약집을 읽어 보는 등, 스스로 충분한 정보를 얻으려 노력하면 선택을 내리는 데 도움이 된다. 반면에 언론이나 다른 사람의 의견을 듣기만 하다 보면, 자신에게 알맞은 선택을 내리지 못할 수도 있다. 대부분의 언론, 또는 개인은 진보 또는 보수의 입장에 서서 편견을 갖고 사실을 해석하기 마련이다. 따라서 같은 사실을 저마다 다르게 전달하곤 한다.

부유한 신문사의 소유주가 한 명 있다고 치자. 그런데 그는 자신이 운영하는 신문사의 이익이 줄어들까 봐 근로자들이 임금을 더 많이 받는 걸 원하지 않는다. 그렇다면 최저 임금 인상에 반대하는 정당에 투표하도록 구독자를 설득하려 들지 않을까?

### 누가 누가 잘할까? : 후보 점찍기

스마트폰을 살 때, 대리점 직원이 집어 주는 대로 사는 사람이 있을까? 물건을 살 때, 아무것도 따지지 않고 고르는 사람은 거의 없다! 원하지 않는 기능만 잔뜩 들어 있거나, 가격이 맞지 않거나, 디자인이 마음에 들지 않을 확률이 높으니까.

선거도 마찬가지다. 후보로 나온 정치인이나 정당이 무엇을 추구하는지 모르는 채 투표해서는 절대로(!) 안 된다.

다양한 정당이 저마다 무엇을 추구하는지, 정권을 잡으면 어떤 정치를 하고자 하는지 어떻게 알 수 있을까? 정당과 후보는 자신들의 정책에 대한 청사진을 담아 누구나 볼 수 있도록 '정책 공약집'을 펴낸다. 그러니 공약집을 찾아보는 게 가장 기본이다!

또 이들에게는 보통 뜻을 같이하는 연구 기관이 있기 마련인데, 그곳에서 유권자들을 설득해 지지를 이끌어 내기 위한 전략을 짠다. 여론 조사 결과와 통계 자료를 분석해 유권자들이 중요하게 생각하는 걸 알아내고, 어떻게 해야 선거에서 승리할 수 있을지 계획하는 것이다. 그러니 정당이나 후보자와 관계 깊은 연

'비밀 투표'는 유권자가 투표를 할 때 다른 사람의 영향을 받지 않도록 하기 위해서 만든 원칙이다. 절대로 변장을 하고 남몰래 투표소에 가야 한다는 뜻이 아니다!

구 기관이 어떤 성향인지 알아보는 것도 꽤 도움이 된다.

선거 유세 기간 동안 후보와 정당들은 텔레비전에 광고를 내보내고, 인쇄물을 나눠 주거나 벽보를 붙인다. 또 곳곳을 찾아다니며 유권자를 만나고, 후보 간 공개 토론을 진행하고, 길거리 연설을 하는 등 다양한 방법으로 자신의 정책을 알리기 위해 힘쓴다.

## 어서 와, 투표소는 처음이지?

선거일이 되면 사람들은 지정된 근처 투표소로 간다. 투표소는 주로 동네 학교나 동사무소 같은 곳에 마련된다.

투표소에서는 공무원과 자원봉사자들이 관할 지역 내에서 투표할 수 있는 사람들의 명단인 **선거인 명부**를 갖고 기다린다. 이들은 투표하러 온 사람을 명부에서 확인하고 서명을 받는다. 한 유권자가 두 번 이상 투표하거나, 누군가 다른 사람을 대신해 투표하는 부정행위를 막기 위해서이다.

신원 확인이 끝나면 투표용지를 받아 한 명씩 기표소에 들어가 투표를 한다. 투표용지에는 후보들의 목록과 각 후보에 대해 표시를 할 수 있는 기표란이 있는데, 뽑고 싶은 후보 옆의 기표란에 ○ 표시를 하도록 되어 있는 나라가 많다.

그런 다음 투표용지를 잘 접어서 투표함에 넣으면 된다. 투표함은 나중에 참관인들이 보는 앞에서 개봉할 수 있도록 꼭 닫힌 상자인데, 윗면에 투표용지를 넣는 좁은 투입구가 있다. 투표함은 투표가 마감되고 개표장으로 옮겨져 공식적으로 개표를 할 때까지 아무도 열어 볼 수 없게 만들어졌다.

### 나라마다 달라! : 선거 제도

어느 나라나 똑같은 방식으로 당선이 결정되지는 않는다. 당선인을 정하기 위한 선거 제도는 여러 가지가 있다. 세 가지가 대표적인데, 누

여기서 잠깐!

#### 미국의 선거인단 제도

미국은 '선거인단' 제도로 대통령을 뽑는다. 선거인단이란 각 주별로 선거권을 갖고 있는 사람들의 단체를 말하는데, 주마다 인구에 비례해서 선거인 수가 배정된다. 그래서 인구가 많은 주는 선거인 수가 많고 인구가 적은 주는 선거인 수도 적다.

그러면 선거인단의 표는 어떻게 얻을 수 있을까? 단순하게도, 각 주에서 실시되는 일반 유권자 투표인 국민 투표에서 가장 많은 표를 얻은 후보가 그 주의 선거인단 표를 모조리 가져간다. 그래서 이같은 방식을 '승자 독식'이라고 부르기도 한다.

미국 대통령에 당선되려면 선거인단 투표에서 과반수의 지지를 얻어야 하기 때문에, 미국 전체 국민 투표에서 더 많은 표를 얻었다 하더라도 선거인단 투표에서 패배해 당선되지 못하는 경우도 더러 발생한다.

구를 뽑는 선거인지에 따라 각기 다른 제도를 사용하는 경우가 많다. 또 세 가지 제도를 혼합해서 실시하는 나라도 있다!

우리나라는 대통령 선거는 단순 다수 대표제를, 국회 의원 선거는 단순 다수 대표제와 비례 대표제를 혼합한 선거 제도를 채택하고 있다. 국회 의원 선거의 경우 조금 복

영국은 선거구별 가장 많은 득표를 한 후보 한 명이 하원 의원으로 당선된다. 대접전이 벌어져서 한 표 차이로 당선자가 갈렸다 해도 결과는 절대 바뀌지 않는다!

잡한데, 단순 다수 대표제로 지역구 의원 253명을 뽑고, 비례 대표제로 47명의 의원을 선출하는 방식이다. 따라서 국회 의원 선거에서는 지역 대표 후보자에게 한 표, 정당에 한 표, 총 두 표를 행사하게 된다. 1인 2표제인 셈이다!

**단순 다수 대표제**('1등 당선제'라고도 부르기도 한다.)는 선거에서 가장 많은 표를 얻은 후보가 승리하는 제도이다. 투표자 과반수의 표를 얻었는지 얻지 못했는지 여부에 상관없이, 다른 후보들보다 조금이라도 많은 표를 얻기만 하면 된다.

우리나라, 영국, 캐나다, 인도를 포함해 많은 나라가 단순 다수 대표제를 채택하고 있다. 유권자가 후보 한 명에게만 투표하도록 되어 있고, 누구보다 표를 많이 얻은 한 사람이 당선된다.

반면에, **절대 다수 대표제**에서는 선거에서 과반수가 되는 표를 받아야 당선된다. 진행 방식으로는 여러 가지가 있다. 그 가운데서 호주의 선호 투표제와 프랑스의 결선 투표제가 대표적이다.

호주에서 실시하는 **선호 투표제**는, 투표자가 선거에 나온 모든 후보에 대해 1~5순위처럼 선호도에 따라 순서를 매겨 기표를 하는 방식이다. 만약 개표한 뒤 1순위 표를 세었을 때 과반수를 얻은 후보가 나오지 않았다면, 가장 적은 표를 받은 후보를 떨어뜨리고 '떨어진 후보를 1순위로 뽑았던 사람들의 2순위 표'를 다른 후보들에게 나눠 준다. 이 국민 투표에서 한 표 한 표는 모두 소중하다. 고작 한 표에 무슨 힘이 있느냐고 대수롭지 않게 생각하기 쉽지만, 박빙의 상황이 벌어져 단 몇 표 차이로 선거 결과가 달라지기도 한다.

런 식으로 과반수 득표자가 나올 때까지 반복된다.

한편, 프랑스 역시 절대 다수 대표제의 한 방식인 **결선 투표제**를 적용하고 있다. 1차 투표에서 과반수의 지지를 확보한 후보가 없으면, 2차 투표를 해서 당선인을 결정짓는다. 2차 투표에서는 1차 투표에서 일정 수준 이상을 득표한 후보들이 겨루게 된다.

**비례 대표제**는 정당들이 득표율에 비례해 의석수를 얻도록 만든 제도이다. 즉 국민 투표에서 30퍼센트의 표를 얻은 정당이 있다면, 전체 의석 중 30퍼센트를 차지한다는 걸 의미한다.

비례 대표제는 구속 명부식과 자유 명부식의 두 가지 종류로 나뉜다. **구속 명부식** 비례 대표제는 각 정당이 선거 전에 비례 대표 후보 명부를 만들어 두고, 투표로 얻은 의석만큼 명부에 매겨 둔 순번에 따라 의석을 배정하는 방식이다.

이와 달리 **자유 명부식** 비례 대표제는 유권자가 각 후보들에게 투표

여기서 잠깐!

### 절대로 놓치지 말자, 선거

대다수 민주주의 국가에서는 정기적으로 선거가 이루어진다. 이때 국민은 현재의 정부를 유지하고 싶은지, 아니면 새로운 정부를 맞이하고 싶은지 투표로 결정한다.

우리나라는 5년에 한 번씩 대통령 선거를 치르는데, 누구든지 한 번만 대통령에 뽑힐 수 있다. 이를 '단임제'라고 부른다. 이와 달리 미국은 4년에 한 번 대통령 선거를 치르는 대신, 한 사람이 두 번까지 대통령에 선출될 수 있다.

이렇게 한 사람이 두 번 이상 선출될 수 있도록 만든 선거 제도를 '중임제'라고 한다. 또 연속해서만 대통령에 당선될 수 있는 제도도 있는데, 이를 '연임제'라고 부른다. 연임제는 연이은 선거에서 당선되면 대통령직을 유지할 수 있지만, 선거에서 패배할 경우에는 다시 후보로 나올 수 없다. 현재 터키가 5년 연임제를 채택하고 있다.

의원 내각제 국가인 영국은 특이하게도, 현재 집권 중인 여당이 원할 때 선거를 실시한다. 그렇지만 적어도 5년에 한 번은 총선거를 실시해 새로운 내각을 구성한다.

를 하고, 개인의 득표 순서에 따라 당선자가 결정되는 방식이다.

많은 서유럽 국가들이 비례 대표제를 채택하고 있다. 우리나라는 비례 대표제 중에서도 구속 명부식을 채택하고 있는데, 자유 명부식의 경우 개개인의 경쟁이 너무 치열해져 종종 선거가 과열되곤 하는 단점을 피하기 위해서이다.

선거는 '민주주의의 꽃'이라고 불리기도 한다. 국민의 대표를 뽑는다는 단순한 의미를 넘어, 선거로 드러나는 국민의 요구가 정부의 나아갈 방향을 결정하기 때문이다!

나라마다 선거 제도가 달라서 머리만 아프다고? 아직 민주주의의 단점을 보완하는 과정이라 여기고, 각 나라의 모습을 관심 있게 지켜보도록 하자!

## 모든 권력은 국민에게서 나온다

미국의 제16대 대통령인 링컨은 1863년에 게티즈버그 연설에서 '국민의, 국민에 의한, 국민을 위한 정부'라는 명문을 남겼다. 이 구절의 의미는 '국민이 정부를 구성할 수 있어야 하며, 국민에게는 정부를 선택할 권리가 있으며, 정부는 국민의 행복을 위한 정치를 해야 한다'는 뜻이다. 무엇보다도, 현대 민주주의 국가에서 '국가의 권력은 국민으로부터 나온다.'는 사실을 명확히 전달하고 있다!

나라마다 국민으로서 누릴 수 있는 권리와 행해야 할 의무를 헌법으로 규정하고 있다. 나라에 따라 세세한 항목은 다를 수 있지만, 큰 틀에서는 비슷비슷하다. 우선, 국민은 모두 **기본권**을 가지고 있는데, 이는 국가에 대하여 청구할 수 있는 개인의 권리이다.

기본권은 천부 인권(국가 및 법률에 앞서서, 사람이 태어나면서부터 저절로 가지고 있는 권리)으로 간주되어 프랑스 혁명 때 〈인간과 시민의 권리 선언〉에서 엄숙하게 선언되었다.

우리나라도 이에 발맞추어 헌법에 기본권을 천부 인권으로서 규정하고 있다. 이 기본권은 우리나라 헌법에서 보장되는 것은 물론, 국제법에서도 보장하고 있다.

그렇다고 국민에게 권리만 있는 것은 아니다. 국민은 국가의 주인으로서 누릴 수 있는 권리가 있는 만큼, 국가를 유지하고 또 공공복지를 증진시키기 위해 국민으로서 책임지고 지켜야 할 의무가 있다.

## 모두가 행복한 세상을 꿈꾸며 : 국민의 권리

우리나라는 대한민국 국민이라면 누구나 행복하게 살 수 있는 권리를 헌법에서 보장하고 있다. 헌법에서는 인간으로서 지니는 존엄성을 가지고 행복하게 살아갈 권리를 바탕으로 다양한 분야에서 국민의 권리를 보장한다. 국민의 권리는 자유권, 평등권, 사회권, 청구권, 참정권 등 모두 다섯 가지로 정해 두고 있다.

**자유권**은 개인의 자유로운 영역이 국가 권력의 침해나 간섭을 받지 않을 권리로, 역사가 가장 오래된 핵심적인 기본권이다. 우리나라 헌법에서는 다양한 종류의 자유권을 규정하고 있다.

정신적 자유와 신체의 자유, 거주 이전의 자유, 직업 선택의 자유, 사생활의 자유, 통신의 자유, 양심의 자유, 종교의 자유, 언론·출판의 자유, 학문·예술의 자유 등이 있다.

**평등권**은 모든 국민이 성별이나 종교, 또는 사회적 신분에 따라 법 앞에서 차별받지 않고 평등한 대우를 요구할 수 있는 권리로, 인간의

권리에는 반드시 의무가 따른다. 권리만 누리거나, 의무만 지켜야 하는 일은 없다. 항상 둘 사이에 균형이 이루어져야 한다.

존엄성을 실현하기 위한 기본권이다. 차별 대우의 금지, 사회적 특수 계급 제도의 금지, 특권 제도의 금지, 교육의 기회 균등, 여성 근로자의 차별 금지, 혼인과 가족 생활의 남녀 평등, 선거에 있어서의 평등, 경제 질서의 사회적 평등, 지역 간 균형 있는 발전 등이 여기에 속한다.

**사회권**은 국민이 인간다운 생활을 영위하기 위해 국가에 일정 부분의 분배를 청구할 수 있는 권리이다. 교육 받을 권리와 근로의 권리, 노동 3권, 쾌적한 환경에서 살아갈 권리, 혼인·가족·모성 보호·보건에 관한 권리 등이 그것이다. 현대 복지 국가에서 가장 중요시 되는 항목이기도 하다.

**청구권**은 국민이 국가에 대해 일정한 행위를 요구할 수 있는 권리로, 기본권을 침해받았을 때 이를 구제받기 위한 권리이다. 즉, 청구권은 '기본권 보장을 위한 기본권'이라고도 한다.

여기에는 재판 청구권, 청원권, 국가 배상 청구권, 형사 보상 청구권, 범죄 피해자 구조 청구권 등이 있다. 무엇보다 청구권은 다른 기본권의 보장을 위한 수단으로서의 성격이 강하다.

**참정권**은 국민이 정치에 참여할 수 있는 권리로 선거권, 공무 담임권(공직에 취임할 수 있는 권리), 국민 투표권 등이 있다. 이 가운데 선거권의 행사는 국민에게 아주 중요한 권리라고 할 수 있다.

옛날에는 일부 부유한 시민과 귀족, 혹은 남성에게만 선거권이 주어지기도 했는데, 끊임없는 투쟁의 결과로 요즘은 빈민과 여성을 포함한 모든 국민에게로 선거권이 확대되었다.

## 존중하는 마음과 양보하는 마음

이렇듯 국민의 권리는 매우 중요하므로 헌법에서 다양하게 보장하고 있지만, 각자의 이해관계에 따라서 서로 충돌하기도 한다. 다양한 사람들이 한데 모여 살고 있는 사회에서는 사람마다 생각하거나 주장

음식점에서 식사를 할 때 접시가 더럽거나, 음식에 이물질이 있으면 주인에게 항의할 것이다. 정부도 마찬가지! 음식점 대신 나라를 경영한다는 사실만 다를 뿐이다. 그러니 정부가 하는 일이 만족스럽지 않으면 곧바로 정부에 항의할 수 있어야 한다.

하는 내용이 다를 수 있기 때문이다.

예를 들면, ○○ 지역이 재개발을 하기로 결정나면서 마을 곳곳에 새 집과 새 건물이 들어선다고 하자. 어느 지역이든 그곳에 원래부터 살던 주민이 있고, 새 집과 새 건물을 지어 이사를 오려고 하는 사람이 있기 마련이다.

그런데 땅을 사들여 건물을 짓는 과정에서 그 지역 주민과 새로 들어올 입주민 사이에 종종 다툼이 벌어지곤 한다. 새로 짓는 건물에 막혀 자기 집에 햇볕이 들어오지 않는다거나, 앞쪽에 있는 공원이나 강 같은 풍경을 감상할 수 있는 조망권을 해친다는 이유에서이다.

또 집값이 교통과 밀접관 연관을 맺고 있는 있는 우리나라 주택 시장의 특성상, 서울과 지리적으로 가까운 곳일수록 집값이 높아지는 경향이 짙다. 만약 서울과 인접한 곳에 신도시가 건설된다면 더 먼 곳에 있는 지역의 집값은 자연스레 떨어질 것이다. 이런 이유로 두 지역 주민들이 재개발을 놓고 서로 다투기도 한다.

이럴 때는 어떻게 해야 좋을까? 서로의 입장만 내세우며 다툼을 벌이다가는 핏대만 세울 뿐 아무것도 해결되지 않는다. 여러 사람이 어우러져 행복하게 살아가려면 다른 사람의 권리를 존중하고 내가 가진 것을 약간씩 양보하는 미덕이 필요하다.

제아무리 헌법에서 국민의 권리를 보장하고 있다고 해도 모든 면에서 완벽하게 지켜지기는 어렵다. 국민들 서로서로가 조화를 이루어 살아가기 위한 노력이 절대적으로 필요한 것이다.

### 권리를 더 잘 누리려면 : 국민의 의무

날마다 우리는 친구들과 학교에 다니고, 주말에는 가족들과 공원을 산책하며, 시험 기간에는 공공 도서관에 가서 공부를 한다. 우리가 무심코 이용하는 이런 시설들은 국민의 편의와 행복을 위해 국가에서 세금을 거두어 만든 것이다. 이처럼 국민이 내는 세금은 나라를 발전시키고 국민의 삶의 질을 높이는 데 중요한 역할을 한다.

헌법에서는 국민이 지켜야 할 의무를 네 가지로 정해 두고 있다. 국민의 의무를 지키는 건 국민의 권리를 보다 잘 누리기 위한 노력이기도 하다. 국민의 의무는 '교육의 의무', '근로의 의무', '국방의 의무', '납

여기서 잠깐!

#### 국민에게 주어진 발언권

국민 개개인이 정부가 하는 일에 대해 의견을 내놓을 수 있는 방법에는 여러 가지가 있다. 예를 들어 자신이 찬성하지 않는 법안에 대해 국회가 논의하고 있다면, 자신의 지역을 대표하는 국회 의원에게 반대표를 던져 달라고 설득하거나 지방 의회 의원을 만나 법안 통과에 반대하는 집회를 열어 달라고 요청할 수도 있다. 반대로 특정 문제에 대해 정부가 관심을 쏟을 수 있도록 노력해 달라는 건의 사항을 해당 지역 의원에게 전달할 수도 있다.

세의 의무’ 등이다.

**교육의 의무**는 친권자나 후견인이 그 자녀로 하여금 초등 교육과 법률이 정하는 교육을 받도록 취학시킬 의무를 말한다. 이처럼 의무의 대상이 되는 교육을 **의무 교육**이라고 하는데, 우리나라는 교육 기본법에 따라 초등학교 6년과 중학교 3년의 과정이 의무 교육에 해당한다.

교육의 의무는 국민의 교육 수준을 향상시킴으로써 사회 구성원들의 지적 역량을 높이고, 국력을 키우며, 나아가서는 인류 문화의 발달에 이바지한다는 목적을 가지고 있다.

**근로의 의무**는 국민이 근로(일) 활동을 통해 자신의 생존권을 지키고 국가의 부를 늘리는 데 이바지할 의무를 말한다. 여기에는 근로의 의무를 법적 의무라고 보는 견해와 윤리적 의무라고 보는 견해가 있다.

국가가 공공의 필요에 의하여 일할 것을 명할 때 복종해야 한다는 법적 의무로 보는 견해와, 일할 능력이 있지만 일하지 않는 사람에 대해 도덕적 비난이 가해져야 한다는 윤리적 의무로 보는 견해가 있는 것이다. 요즘에는 후자의 견해가 더 지지를 받고 있다.

**국방의 의무**는 국가의 독립과 영토를 지키기 위하여 국민이 부담해야 하는 국가 방위와 관련된 의무이다. 이는 단순히 병역을 제공하는 것에 국한되지 않는다. 전쟁이 일어났을 때뿐 아니라 평상시에도 국방에 필요한 다양한 활동을 해야 하는 의무를 포함하기 때문에 남성뿐 아니라 모든 국민이 부담해야 하는 의무이다.

또 제2항에 "누구든지 병역 의무의 이행으로 인하여 불이익한 처우를 받지 아니한다."고 명시해 두어, 병역의 의무를 지키다가 학교나 직장에서 불이익을 받는 일이 없도록 보장하고 있다.

**납세의 의무**는 국가의 통치 활동에 필요한 예산을 마련하기 위하여 국민이 세금을 내야 하는 의무를 말한다. 그렇다고 행정부가 마음대로 세금을 부과하여 국민의 재산권이 함부로 침해되는 일이 발생해서는 안 된다. 이를 방지하기 위해 반드시 국회가 제정한 법률에 따라서만 과세를 할 수 있는데, 이를 **조세 법률주의**라고 한다.

여기서 잠깐!

### 공공 서비스는 너무 어려워!

국민의 세금을 쓰는 정부니까, 공공 서비스를 무제한으로 늘렸으면 좋겠다고? 사실 공공 서비스를 제공하는 건 쉬운 일이 아니다! 풀어야 할 갖가지 문제가 산더미처럼 쌓이고 또 쌓인다.

대표적인 예로 의료 서비스가 있다. 건강 관리 수준이 높아지고 평균 수명이 늘어나면서, 많은 사람들이 더 높은 수준의 의료 서비스를 원한다. 이에 발맞추기 위해서는 정부가 의료 서비스를 확대해야 하는데, 그러려면 훨씬 더 많은 돈이 필요하다.

따라서 정부는 필요한 예산을 어떻게 마련할 것인지, 또 의료 서비스를 어떻게 바꾸어 나갈 것인지 머리를 싸매고 긴 시간 고민하게 된다. 국민의 세금을 허투로 써서는 안 되니까!

## 책임 있는 부자의 약속

세계 최고의 부자들 중에는 세금을 줄여 주겠다는 정책에 반대하면서 오히려 자신들과 같은 부자들이 더 많은 세금을 내야 한다고 말하는 사람들이 있다. 이들은 재산을 자식에게만 물려주지 않고, 어려운 이웃과 세계 평화를 위해 재산의 대부분을 기부하겠다고 약속했다.

이러한 약속에 많은 사람들이 깜짝 놀랐다. 사람들은 대개 세금 내는 것을 달가워하지 않기 때문이다. 이렇게 세계 최고의 부자로서 책임감을 가지고 전 세계 사람들과 더불어 잘살기 위해 직접 노력하는 사람들이 모여 '책임 있는 부자'라는 단체를 만들기도 했다. 실제로 워런 버핏은 370억 달러(약 36조 원)를 자선 재단에 기부해서 많은 사람들의 관심을 끌었다.

'존경받는 부자'의 효시로는 강철왕 앤드루 카네기를 들 수 있다. 그는 1911년에 3억 5천만 달러로 '카네기 재단'을 설립했다. (그 당시로는 천문학적인 돈이라 할 수 있는 금액이다.) 그가 지어 사회에 헌납한 도서관만 해도 2만 5천여 개에 달한다고 한다. 1913년에 설립한 '록펠러 재단'도 한때 미국에서 가장 혐오스런 사업가의 대명사였던 록펠러를 자선가로 칭송받게 만들었다.

빌 게이츠 부부가 설립한 '빌&메린다 게이츠 재단'은 워런 버핏의 기부로 자산 규모가 600억 달러로 불어났다. 이는 웬만한 나라의 국내

여기서 잠깐!

### 투표할 수 있는 사람은 누구?

대부분의 국가에서 18세~21세 이상인 모든 국민(국적을 취득한 사람 포함)에게 투표권이 주어진다. 우리나라의 경우, 선거일을 기준으로 만 18세 이상이면 투표를 할 수 있다. 또 지방 선거의 경우, 3년 이상 해당 지방 자치 단체 소속으로 체류를 한 외국인에게도 투표권이 주어진다.

하지만 모든 나라가 처음부터 그랬던 건 아니다. 남아프리카공화국에서는 1994년이 되어서야 흑인에게 투표권이 생겼고, 사우디아라비아 여성들은 2015년 지방 선거에서 처음으로 투표권을 행사했다.

총생산(GDP)보다 많은 규모이다. 이들은 주로 세계 시민들의 건강과 교육 증진, 도서관 사업에 기부를 하고 있다. 포드 자동차 설립자인 헨리 포드의 아들 에드셀 포드가 설립한 재단 '포드 재단'은 커뮤니티 사업과 정의 구현 사업에 꾸준히 기부하고 있다.

## 청소년도 엄연한 국민!

이와 같이 국민은 자유를 누리고 투표를 할 권리가 있는 동시에, 세금을 내고 법을 지켜야 할 의무가 있다. 청소년도 마찬가지다. 누구나 교육을 받을 권리가 있기 때문에, 청소년이 학교에 나오는 걸 어느 누구도 막아서는 안 된다. 동시에 학교에 오면, 학교 규칙을 따르고 친구들이 배우는 걸 방해하면 안 된다는 의무를 지켜야 한다.

때때로 우리는 옳은 일을 위해 스스로의 권리를 제한하는 법이나 규칙에도 찬성하기도 한다. 도로 교통법에 따라 우리는 선택의 여지없이 무조건 안전띠를 매야 한다. 배가 부를 때는 안전띠 매는 게 답답하더라도 말이다. 자동차에 탄 모든 사람들의 생명을 보호하기 위해서이다.

### 이래 봬도 내가 나라의 주인!

국민의 권리와 의무를 바탕으로 선거 운동 기간뿐 아니라, 새로운 정부가 출범한 다음에도 일반 시민들은 언제든지 정치에 참여할 수 있다. 당연하게도 많은 국민이 참여하는 모임이나 집회일수록 거기에서 다루는 문제에 대해 정치인들의 관심이 커지기

우리는 다양한 방법으로 정치에 참여할 수 있다. 심각한 사회 문제를 해결할 대책을 마련해 달라고 촉구하는 청원서에 서명을 받는 것도 한 가지 방법이다.

마련이다.

그래서 사람들이 모여 집회와 행진을 하거나, 청원서에 서명해서 정부에 전달하는 방법 등으로 자신들이 원하는 게 무엇이고 정치인들이 어떻게 도와주길 바라는지를 알리려고 노력한다.

더 많은 국민의 참여를 이끌어 내려면 홍보를 해야 한다. 그래서 대중 매체가 주목하는 유명인을 내세우기도 한다. 화제가 되면 더 많은 사람들이 동참할 가능성이 커지니까 말이다.

### 나의 권리를 놓치지 말자 : 투표

투표에 참여하는 건 정말 중요한 일이다. 국민이 나라 운영과 관련된 결정에 영향력을 미칠 수 있는 가장 강력한 수단이 바로 투표이기 때문이다.

투표권이 없는 학생이랑은 상관없는 거 아니냐고? 그렇지 않다! 선거 결과에 따라 교육 제도가 변화하고, 심지어는 교과서가 바뀌기도 한다. 자, 그럼 선거와 정치에 관심을 갖고, 학생으로서 할 수 있는 일을 해 보는 건 어떨까?

의미 있는 투표를 하려면 먼저 자신의 의견이 있어야 한다. 여러 사회 문제들을 각 정당은 어떻게 해결하려 하는지 알아보고, 스스로 생각을 해 봐야 한다.

부모님 의견에 영향을 많이 받는다고? 그래도 상관없다. 만약 부모님의 의견을 경청했다면, 다음에는 따로 시간을 내 자신만의 입장을 정리해 보는 것이 좋다.

또 신문 기사를 읽고, 텔레비전 뉴스 프로그램을 보면서 지금 세계에 어떤 일이 벌어지고 있는지 알아보자. 그중에서 나에게 가장 깊은 인상을 준 문제는 무엇인지 곰곰이 생각해 보고, 그 문제를 극복하는 데 어떤 방법들이 있는지 찾아보자.

그러고 나서, 정치인이나 정당이 해당 문제에 대해 어떤 입장을 갖

내가 중요하게 생각하는 문제는 어떤 것일까? 나는 미래에 어떤 사람에게 투표해야 할까? 그리고 어떻게 하면 내가 변화를 만들어 낼 수 있을까?

고 있는지, 또 무엇을 하고 있는지 확인해 보자. 환경 문제에 자꾸 관심이 가고 그중에서도 자연재해에 신경이 쓰인다면, 그 문제를 해결하기 위해 각 정당이나 관심이 가는 정치인이 어떤 노력을 쏟고 있는지 조사해 보는 식이다.

## 나의 작은 실천이 세상을 바꾼다

몇몇 사람들은 선거철이 되면 소란스러운 분위기에 진저리를 치기도 한다. 고개를 돌리는 곳마다 후보 얼굴이 보이는 것 같은 데다, 세상을 더 좋은 곳으로 만들겠다는 정당들이 뭘 하려는지 알리기보다 상대 정당을 헐뜯는 데에만 혈안이 되어 있기 때문이다.

하지만 지겹다는 이유로 정치에 무관심해져서는 안 된다! 물론 그렇지 않은 정치인도 간혹 있지만, 많은 정치인들은 사회를 발전시킬 수 있다는 믿음과 사람을 아끼는 마음으로 정치 활동을 한다.

그러므로 내가 생각하는 이상적인 사회와 무척이나 닮은 정책을 펼치는 정치인을 분명히 찾을 수 있을 것이다. 나를 포함한 많은 유권자들이 그런 정치인을 뽑는다면, 이상이 바로 현실이 될 수 있다.

오늘날 정치는 우리의 삶과 떨어질 수 없는 한 부분이 되었다. 정치에 대한 관심과 열정만 있다면, 우리가 정치에 참여하고 세상을 변화시키기 위해 행동할 수 있는 방법은 수없이 많다.

나의 한 표가 다른 표와 합쳐 사회의 변화를 불러올 수 있는 것처럼, 작은 실천이 큰 변화로 이어질 수 있다! 만약 지구 환경이 걱정된다면 지금 바로 친구들과 의논해 오염을 줄여 보도록 하자. 걷거나 자전거를 타고 학교에 등교하고, 일회용 포장지를 되도록 사용하지 말자고 주변 사람들을 설득하는 방법이 있을 것이다.

이렇게 자신이 생각하는 특정 문제를 해결하기 위해 노력한 경험이 쌓이고 쌓이면, 언젠가는 더욱더 큰 역할을 할 수 있는 정부의 해당 부처에서 세상을 원하는 방향으로 바꾸는 핵심 인물이 될지도 모른다!

각자의 의견이 너무 확고하면 격렬한 논쟁이 벌어지기도 한다. 하지만 논쟁을 거쳐야만 비로소 우리 앞에 놓인 문제의 해결책이 보이는 법이다.

# 회장 선거에서 이기는 법

선거에서 승리해 나라를 이끄는 대통령이 되면 어떤 기분일까? 마냥 좋을까, 아니면 머리가 복잡할까? 아직 학생인 여러분은 대통령 선거나 국회 의원 선거에 출마할 수 없다. 왜냐고? 우리나라에서 대통령은 40세 이상, 국회 의원은 25세 이상이 되어야 출마할 수 있기 때문이다. 그렇다고 섭섭해하진 말자. 학생으로서 나가서 이길 수 있는 선거도 있으니까!

생각보다 많은 학생들이 학급 회장이나 전교 학생회의 임원이 되고 싶어 한다. 당연히 경쟁도 치열할 수밖에!

학교에서 이루어지는 다양한 결정들을 한번 떠올려 보자. 대부분의 학교에는 학생들의 의견을 대변하기 위한 학생회가 있는데, 주로 학생들의 투표로 학생회가 구성된다. 학생회의 임원이 되면 교장 선생님을 포함한 많은 선생님들과 함께 더 좋은 학교를 만들기 위해 일하게 된다. (믿기 힘들겠지만, 진짜다!)

학생들은 학생회를 통해 학교에서 벌어지는 여러 문제를 논의하고, 학교 또는 학생과 관련된 결정에 의견을 낼 수 있다. 학생회는 학교 폭력을 막기 위한 프로그램을 마련하거나, 새로운 운동 기구를 설치하기 위해 모금 활동을 펼치기도 하고, 학생과 관련된 논쟁거리에 목소리를 내기도 한다.

세계 각 나라마다 정부의 형태가 다르듯, 학교에 따라 학생회의 구성은 각기 다르다. 그렇지만 각 반에서 회장 또는 부회장으로 뽑힌 학생들이 학급 대표로 참여하는 게 보통이다. 그렇게 모든 반의 학급 대

학교에서도 투표를 하는 경우가 종종 있다. 전교 학생회 임원을 뽑을 때도 있고, 복장이나 두발 자율화처럼 어떤 사안에 대해 모든 학생의 의견을 모아야 하는 경우도 있다.

표가 모여 학교 문제를 논의하는 모습은, 마치 정부가 하는 역할과 비슷해 보인다.

### 후보자로 나서기

전교 학생회 임원 선거에 후보자로 입후보하기 전에 꼭 해야 할 일이 있다. 바로 자신이 선거에 나가려는 이유가 어떤 것인지 꼼꼼하게 따져 보는 것!

혹시 친구들한테 인기를 얻고 싶어서, 또는 선생님이나 부모님에게 잘 보이고 싶어서, 고등학교에 진학할 때 추가 점수를 받고 싶어서? 이런 이유가 나쁘다는 건 아니지만, 더 큰 포부를 갖고 출마한 경쟁자를 꺾기에는 논리가 자못 빈약할 수 있다!

학교를 변화시키고 싶다거나, 더 좋은 곳으로 만들고 싶은 바람이 있다거나, 학생회 임원이 되어 펼치고자 하는 특별한 외부 활동 등이 있을 때 비로소 적절한 이유를 갖췄다고 할 수 있을 테니까 말이다.

학생회 임원을 뽑을 때, 담임 선생님에게 출마하려는 의사를 알리거나 신청서를 내면 입후보가 되는 학교도 있지만, 친구의 추천을 먼저 받아야 하는 학교도 있다. 이럴 땐 당연히 친구들에게 나를 추천해 달라고 부탁하는 게 좋다!

막상 선거에 나가는 게 부담스럽게 느껴지거나, 걱정이 될 수도 있다. 하지만 사람들이 모여 의견을 나누고 투표할 때 무슨 일이 벌어지는지 직접 체험해 보는 일은 아주 흥미로운 경험이기도 하다.

초조하고 걱정스럽다고? 그럴 때면 선거에서 당선되었을 때 이룰 수 있는 것들, 그리고 학교에 긍정적인 변화를 불러일으킬 자신의 모습을 상상해 보자. 용기가 솟을 것이다! (물론 목표는……, 실현이 가능한 것으로 잡았겠지?)

여기서 잠깐!

### 어린이와 청소년이 마땅히 누려야 할 권리

오랜 세월 동안 사람들은 어린이 또는 청소년과 관련된 사항에 대해 어른이 결정 내리는 게 올바르다고 여겼다. 하지만 어른이 내리는 결정이 항상 옳은 건 절대 아니다!
그래서 국제 연합 회원국들은 어린이가 마땅히 누려야 할 권리를 '어린이 권리 협약'이라는 선언서로 만들었다. 여기에는 어린이가 자신의 생활에 영향을 주는 결정에 스스로 참여해야 하며, 자신의 의견을 자유롭게 말할 수 있고, 그 의견은 마땅히 존중받아야 한다는 내용이 포함되어 있다.
학생회가 별것 아니라고 여긴다면, 생각을 바꾸어 보도록 하자. 학생회야말로 국제 연합에서 선언한 권리를 활용할 수 있는 아주 훌륭한 방법이니까!

그러니까 한번 도전해 보자! 그래도 결정하기가 망설여진다면, 선거에서 이기면 어떤 기분일지, 또 도전조차 하지 않고 지나가면 후회하지 않을는지 마음속으로 떠올려 보도록 하자.

## 유권자 마음 사로잡기

자, 드디어 선거에 후보자로 나서게 되었다! 이제 뭘 해야 할까? 여러 후보들 사이에서 눈에 확 띄어, 소중하고도 소중한 표를 한 표라도 더 얻으려면 어떻게 해야 할까?

**유권자**, 그러니까 투표권이 있는 우리 학교 학생들을 설득하려 하기 전에 먼저 해야 할 일이 있다. 내 머릿속에는 학교를 바꿀 멋진 아이디어들로 이미 가득하지만, 과연 다른 친구들도 나와 같은 생각일까? 아니다! 그러니까 친구들이 중요하게 생각하는 문제가 무엇인지 먼저 알아보아야 한다.

훌륭한 아이디어만으로는 부족하다! 머릿속의 아이디어를 잘 전달해야만 유권자들이 나에게 표를 줄 가능성이 생긴다는 점을 명심하자.

가능한 한 많은 아이들과 이야기를 나눠 보는 방법도 있고, 미리 만들어 온 설문지를 내밀며 작성해 달라고 부탁하는 방법도 있을 것이다. '우리 학교가 달라졌으면 하는 점은 어떤 게 있나요?'처럼 조금은 두리뭉실한 질문도 괜찮고, '급식 메뉴를 어떻게 바꾸면 좋을까요?'나 '학교 폭력을 예방하기 위해 당신이라면 어떻게 하시겠습니까?'처럼 구체적인 질문도 좋다.

잘 모르는 아이에게 다가가 말을 거는 게 두렵겠지만, 연습을 하다 보면 점점 편해질 것이다. 웃으며 다가가 먼저 자신을 소개해 보자. 그리고 왜 이것저것 물어보고 싶은지 간단명료하게 설명하자. 상대방이 하는 말을 귀 기울여 듣고, 참고해야 할 의견은 재빨리 적어 둔다. 마지막에는 반드시 고맙다고 인사하도록 하자!

성공적으로 선거 유세를 하는 후보 곁에는 항상 훌륭한 팀이 있다. 주변 친구들에게 도와 달라고 말해 보자. 학교 곳곳에 벽보를 붙이는 등 선거 운동을 도와주고, 다른 아이들에게 나를 뽑으라는 홍보까지 해 줄 것이다!

## 연습, 연습, 연습!

연설은 나를 뽑아 달라고 유권자들에게 호소할 수 있고, 내 공약을 알릴 수 있는 엄청난 기회이다. 연설을 잘하는 비결은 준비를 철저히, 그리고 더 철저히 하는 것이다. 그러기 위해서는 시간을 들여 좋은 연설문을 준비하는 게 좋다!

연설 내용에는 반드시 자기소개와 선거에 출마하게 된 이유를 집어넣는다. 그리고 아이들이 중요하게 생각한다고 알려 준 문제들에 대해 먼저 이야기하고, 어떻게 해결할 것인지 계획을 설명한다.

연설은 짧고, 단순하고, 힘이 있어야 한다. 첫 부분은 듣는 사람을 사로잡도록, 마지막 부분은 연설이 끝나고 나서도 여운이 남을 수 있도록 해야 한다. 여기서 중요한 건, 나를 뽑아야 하는 이유가 연설문 속에 뚜렷하게 드러나야 한다는 점이다. 멋진 연설문이 완성될 때까지 다시 읽고 계속해서 고쳐 써 보도록 하자!

여기서 잠깐!

### 강한 인상을 남겨라!

나와 내 공약을 확실하게 알리는 데에는 다양한 방법이 있다. 선거 홍보물을 나눠 주거나, 벽보를 붙이거나, 웹 사이트를 만들 수도 있다. 하고 싶은 말만 분명히 전달하는 게 효과적이기 때문에, 구호나 표어를 만드는 것도 좋다. 짧고 매력적이어서 쉽게 기억할 수 있는 문구면 더욱 좋다. '한다면 한다, 기호 1번 ○○○'처럼 말이다. 내가 누군지, 그리고 나의 진심이 어떤지 보여 주도록 하자!

만족스러운 연설문이 완성되었다면 쪽지에 옮겨 쓴다. 물론 연설문은 다 외우도록 하고, 쪽지는 만약의 상황을 대비해 갖고 있기만 하면 될 정도로 연습하는 게 좋다. 거울 앞에서 충분히 연습한 다음 친구와 가족들 앞에서도 연설을 해 보자. 미리 연설을 들어 본 사람들의 의견을 적극적으로 반영해서, 더 좋은 연설로 만들어 가야 한다.

연설을 할 때는 고개를 들고 사람들을 바라보며 직접 말을 걸 듯 하는 것이 좋다. 또박또박 자신감 있게 말하고, 진심을 담고 있다는 걸 보여 줘야 한다.

### 나에게 투표하세요!

학교 선거도 대통령 선거나 국회 의원 선거 못지않게 체계적이고 공정하게 진행되어야 한다. 그리고 선거가 끝나고 긍정적인 결과가 나왔다고 해서 할 일이 끝난 게 아니다. 당선이 된 순간부터 열심히 세운 계획을 실천으로 옮길 기회가 펼쳐지는 거니까!

공정한 선거를 위해서는 우선 선거에 대한 일정을 학교 구성원 모두에게 미리미리 공지해야 한다. 아이들이 어떤 선택을 할지 생각할 시간이 필요하기 때문이다. 선거에 대한 정보는 벽보를 붙이거나, 조회 시간에 공지 사항으로 전달할 수도 있다.

투표는 별다른 등록 절차 없이 누구나 할 수 있는 학교도 있지만, 실제 공직자를 뽑는 선거처럼 선거인 등록을 따로 해야만 하는 학교도 있다. 등록을 마치면 투표를 할 때 누구인지 확인할 수 있도록, 선거인 등록증과 등록 번호가 주어지기도 한다.

투표용지에는 후보들의 이름과 그중 한 사람에게 투표할 수 있도록 표시하는 부분이 있어야 한다. 투표가 시작되면 선거 관리를 맡은 선생님과 학생들이 투표하러 오는 사람들을 선거인 명부에서 확인한다. 투표는 비밀로 이루어져야 하기 때문에, 학생들에게 누구에게 투표했

여기서 잠깐!

**명연설을 참고하라!**

역사 속에서, 아니면 현재 최고의 지위에 오른 정치인들을 살펴보자. 무엇이 그들을 특별하게 만들었을까? 그들의 몇몇 연설을 보면, 그 이유를 분명히 알 수 있다. 개중에는 말을 잘 못하거나 발음이 정확하지 않은 데에도 불구하고, 간결하고 분명하게 자신의 뜻을 밝혀 청중과 소통하고 있다는 사실을 발견하게 될 것이다!

학교에서 언제 어떤 방식으로 학생회 선거가 치러지는지 알고 참여하는 건 중요한 일이다.
학생들을 가장 잘 대변해 줄 수 있는 후보를 뽑을 수 있는 기회를 놓치지 말아야 하니까.

는지 알릴 필요가 없다는 공지도 꼭 필요하다.

투표가 끝나면 투표함을 모아 개표를 한다. 당선자가 결정되면, 드디어 누가 새로운 전교 학생회 임원이 되었는지 학생들에게 알리게 된다.

## 공약은 철저히 지키자!

진짜 해야 할 일은 당선된 다음에 시작된다!

반 친구들의 투표로 뽑힌 학급 회장이라면, 학급을 위한 여러 일들을 처리해야 한다. 전교 학생회 임원으로 뽑혔다면, 학교의 이모저모 문제점을 개선하기 위해 전교 학생회 회의에 참석해 여러 가지 계획을 논의하게 될 것이다.

이때 미리 모아 온 학생들의 생각과 의견들을 전하기도 하고, 다른 임원들과 의견을 나누기도 한다. 회의가 끝난 다음에는 회의 결과를

여기서 잠깐!

### 학생들을 이끄는 학생회

학생회는 학생들을 위해 새로운 무언가를 만들어 내기만 하는 곳은 아니다. 보통은 학생들이 안전하고 질서 있는 학교생활을 할 수 있도록 이끌기도 한다. 예를 들어 운동장에 있는 운동 시설이 자꾸만 망가진다면, 시설이 더 이상 파손되지 않도록 올바른 사용 방법을 알리는 안내문을 설치하거나, 학년별로 이용을 제한하거나, 다치지 않도록 안전 수칙을 만들 수도 있을 것이다.

학생들에게 알리는 걸 잊지 말도록 하자.

새로 맡은 역할을 적극적으로 수행해 보자. 친구들이 나를 찾아와 의견을 말해 주길 기다리지 말고, 내가 먼저 묻고 토의를 주도해 보자. 수많은 학교 학생회에서 다양한 프로젝트들을 진행한다. 자선 모금 행

소통이 열쇠다! 친구들이 회의 시간에 건의하거나, 설문지 등 다양한 통로로 나에게 의견을 전할 수 있도록 아이디어를 내 보자.

사를 펼쳐 어려운 이웃을 돕기도 하고, 지역 기업의 도움을 받아 운동 시설을 새로 설치하기도 한다. 또 동아리 활동을 위한 공간을 확보할 수 있도록 예산을 얻어 낼 수도 있다.

공정하고 투명하게만 진행된다면, 학급 회장 선거든 전교 학생회 선거든 모두 민주주의에 참여하는 것이다! 꼭 선거에 출마해야만 알게 되는 건 아니니까, 우리 주변의 민주주의 절차에 관심을 갖고 소중한 한 표를 행사하는 데 적극 참여해 보도록 하자.

# 알쏭달쏭 퀴즈

1. 어느 날 외계인이 현관문을 똑똑 두드리더니, 지도자와 얘기를 나눌 수 있도록 도와 달라고 요청한다. 누구에게 데려다주어야 할까?

   ① 담임 선생님

   ② 정부 관계자

   ③ 부모님

2. 다음 중 정부에 대한 설명으로 옳은 것은?

   ① 국민을 자신들 마음대로 주무르기 위해 모인 사람들

   ② 나라를 운영하기 위해 선거로 뽑힌 사람들의 집단

   ③ 왕과 왕족

3. 군주들은 보통 어떻게 권력을 잡게 될까?

   ① 국민들이 선거로 뽑는다.

   ② 부모나 형제, 친척으로부터 군주의 지위를 물려받는다.

   ③ 이전 군주에게 정중하게 부탁해서 권력을 잡는다.

4. 민주주의란 무엇일까?

   ① 종교의 규율로 나라를 다스리는 정치 체제

   ② 국민이 투표로 지도자를 선출하는 정치 체제

   ③ 국민이 선출하지 않은 독재자가 지배하는 정치 체제

5. 민주주의의 발상지로 유명한 곳은?

① 아이슬란드, 기원후 930년 무렵

② 그리스 아테네, 기원전 500년 무렵

③ 북극, 지난주

6. 우리나라 정부는 서로 다른 세 기관으로 나누어져 있다. 각각의 이름은 무엇일까?

① 입법부, 행정부, 국민부

② 입법부, 행정부, 사법부

③ 입법부, 행정부, 독재부

7. 다음 설명 중 틀린 것은?

① 미국은 '공화국'이다.

② 프랑스는 '신정 국가'이다.

③ 영국은 '입헌 군주제' 국가이다.

8. 국회를 구성하는 방법에는 몇 가지가 있다. 우리나라가 지금 채택하고 있는 제도는 어떤 것일까?

① 양원제

② 단원제

③ 다수제

9. 우리나라 행정부의 대표를 무엇이라고 부를까?

① 수상

② 대통령

③ 여왕

10. 다음 중 국민이 낸 세금이 사용되는 예로 올바르지 않는 것은?

① 소방, 의료와 같은 공공 서비스를 제공한다.

② 국회 의원들이 출근할 때 탈 승마용 말을 구입한다.

③ 공무원과 장관에게 월급을 준다.

11. 다음 중 공산주의 체제를 가장 잘 설명하고 있는 사람은?

① 다휘 : 기업과 사람들이 원하는 대로 자유롭게 돈을 벌고 쓸 수 있어야 해.

② 한재 : 국가의 모든 부와 자원을 국민들이 동등하게 나누어 갖는 게 맞아.

③ 진호 : 사람들을 통치하는 정부? 그까짓 거 없어도 상관없어.

12. 우리나라는 대통령 선거와 국회 의원 선거를 각각 얼마 만에 실시할까?

① 대통령 선거 5년, 국회 의원 선거 5년

② 대통령 선거 5년, 국회 의원 선거 4년

③ 대통령 선거 4년, 국회 의원 선거 5년

13. 어떤 정당이 추구하는 바를 알아보는 데 가장 좋은 방법은 무엇일까?

① 신문에 실려 있는 기사를 찾아 읽는다.

② 정당의 정책 모음집과 웹 사이트를 확인해 본다.

③ 우등생 친구에게 전화해서 물어본다.

14. 내가 가진 한 표를 사용하는 게 중요한 이유로 가장 적절한 것은?

① 투표소에 가면 반가운 친구들을 만날 수 있기 때문에.

② 투표는 우리 대신 결정을 내리는 데 가장 적합한 사람을 뽑는 정치적 행동이므로.

③ 투표는 그다지 중요하지 않다.

# 정답

②번을 골랐다고?

축하, 축하! 정치가 이루어지는 원리, 정치가 우리에게 미치는 영향, 우리가 투표를 하는 이유를 아주 잘 이해하고 있다. 그런 만큼 이제 정치가 얼마나 재미있는지, 또 정치에 참여하는 게 얼마나 중요한지에 대해 주변 친구들과 수다를 떨어 보도록 하자. 학생회에 들어가거나, 지역 사회나 국가에 관련된 의사 결정 과정에 한번 참여해 보는 건 어떨까? 나만의 생각, 나만의 목소리를 세상에 들려줄 시간이 왔다!

①번과 ③번을 골랐다고?

이런, 이런……. 설마 대통령과 왕과 독재자가 다 같은 역할을 한다고 생각하는 건 아니겠지? 책을 한 번 더 읽어 보는 게 좋겠다. 어쨌든 정부는 우리 생활과 관련된 거의 모든 부분에 영향을 끼치고 있다. 그만큼 정치의 세계는 흥미진진하다! 정치에 관한 기본 지식을 갖추는 건 생각보다 보람찬 일이고, 현명한 시민이 될 수 있는 값진 아이템을 얻게 되는 것과 마찬가지다! 모두의 미래에 긍정적인 영향을 줄 수 있도록 정치와 투표에 관심을 가져 보도록 하자.

# 똑똑! 사회 용어

**공공 서비스** 의료, 소방처럼 정부가 국민의 삶을 더 나은 방향으로 이끌기 위해 제공하는 것.

**공화국** 주권이 국민과 국민이 선출한 의원들에게 있는 국가.

**국가** 하나의 정부로부터 통제를 받는 국민과 영토.

**국경** 두 나라를 가르는 경계.

**국민** 법적으로 나라에 속해 있으며, 나라로부터 권리와 보호를 보장받는 사람.

**국민 투표** 중요한 일이나 새로운 법안에 대해 국민이 투표를 하는 행위.

**기득권** 특정한 사람이나 기업, 또는 국가가 정당한 절차를 밟아 이미 차지한 권리.

**단원제** 입법부의 합의체가 하나뿐인 제도. 미국처럼 입법부인 의회가 상·하원 둘로 나뉘어 있으면 양원제라고 부른다.

**대의 민주주의** 국민이 자신들을 대변할 대표를 선출하고, 그 사람들이 국정을 운영하며 결정을 내리는 정부 형태.

**대중 매체** 텔레비전, 신문, 잡지, 인터넷 같은 의사소통 수단으로, 한 번에 수많은 사람에게 정보를 전달하고 영향을 미친다.

**무정부 상태** 정부가 없는 상태. 무질서한 상황으로 치닫기 십상이다.

**법** 사회 구성원들의 행동을 통제하는 규범. 주로 국가가 제정한다.

**사법부** 법관들로 구성된 국가 기관으로, 법을 해석하고 적용한다.

**사제** 종교적 의식과 의무를 행할 수 있는 권력을 지닌 사람.

**사회** 한 나라에 살고 있는 사람들이 모여 사회를 구성한다.

**사회 보장 정책** 정부가 도움이 필요한 사람들을 돕고 지원하는 것.

**선거 공약** 정당과 같은 정치 단체가 선거에서 표를 얻고자 자신들의 신념, 목표, 정책을 알리는 것.

**세금** 정부가 국가를 운영하고 국민에게 필요한 서비스를 제공할 수 있도록, 국민이 정부에 의무적으로 내야 하는 돈.

**시장** 상품을 판매하는 사람과 구매하는 사람이 모여 거래를 하는 장소.

**신정 국가** 종교 규율로 다스리는 국가. 종교 지도자가 국정을 운영하기도 한다.

**연립 정부** 둘 이상의 정당이 합의해 힘을 합쳐 만든 정부.

**연방 정부** 강대한 중앙 정부와 작은 지방 정부들이 권력을 나눠 갖고 있는 연방제 국가에서 중앙 정부를 일컫는 말. 대표적인 연방제 국가로 미국이 있다.

**예산** 계획에 따라 지출하고자 하는 일정한 액수의 돈.

**외교관** 외국에서 자신이 속한 나라를 대표하는 공무원.

**입법부** 국민이 자신들의 뜻을 대표해 달라고 뽑은 의원들이 모여 일하는 국가 기관. 직접 법안을 제출하거나, 행정부에서 제출하는 법안을 심의하고 표결한다.

**입헌 군주제** 왕 또는 여왕이 국가 원수지만, 국민이 선거로 뽑은 정부가 법을 만들고 나라를 통치하는 정치 체제. 대표적인 입헌 군주제 국가로 영국이 있다.

**전체주의** 중앙에 집중된 국가 권력을 바탕으로 국민의 삶을 통제하는 정치 체제.

**정당** 비슷한 정치적 목표와 신념을 공유하는 사람들의 집단.

**정부** 다른 사람들을 통치할 수 있는 권력을 위임 받은 사람들의 집단.

**정치** 나라를 다스리는 데 필요한 결정을 내리는 활동.

**정치 체제** 특정한 정부나 정치의 형태.

**지방 정부** 해당하는 작은 지역에 대해서만 통치권을 행사하는 정부.

**집회** 여러 사람이 특정한 목적을 달성하기 위해 일시적으로 모이는 행동.

**청원서** 국가 기관에 청원하는 내용을 담은 공식 문서로, 같은 뜻을 가진 많은 사람들이 서명으로 참여한다.

**통치** 나라를 다스리는 일.

**투표소** 사람들이 선거에 참여해 투표를 할 수 있도록 마련된 장소.

**파시즘** 국민의 행복과 복지보다 힘 있는 국가를 목표로 삼는 지배 체제. 정부가 사회 구성원들의 삶을 간섭하고 통제한다.

**행정부** 법과 정책을 집행하는 일을 맡은 국가 기관. 법안을 제출하기도 한다.

**헌법** 정부가 나라를 통치하는 데 기본으로 삼는 법 체계.

**후보** 공직의 담당자로 뽑히기 위해 선거에 나온 사람.

# 세상이 확 달라지는 정치 이야기

**첫판 1쇄 펴낸날** 2018년 10월 26일
**5쇄 펴낸날** 2022년 12월 20일
**개정판 1쇄 펴낸날** 2024년 5월 31일

**지은이** 루이스 스필스베리
**그린이** 마이크 고든 **옮긴이** 정아영
**펴낸이** 박창희
**편집** 홍다휘 백다혜 **디자인** 배한재
**마케팅** 박진호 **홍보** 김인진 **회계** 양여진

**펴낸곳** (주) 라임
**출판등록** 2013년 8월 8일 제 406-2013-000091호
**주소** 경기도 파주시 심학산로 10, 우편번호 10881
**전화** 031) 955-9020, 9021 **팩스** 031) 955-9022
**이메일** lime@limebook.co.kr **인스타그램** @lime_pub
**홈페이지** www.prunsoop.co.kr


ISBN 979-11-94028-02-4 44340
979-11-951893-8-0 (세트)